LA COCINA VEGETARIANA FÁCIL

IRENE GELPÍ

LA COCINA VEGETARIANA FÁCIL

Ediciones Martínez Roca

Diseño de cubierta: Exit
Fotografía: Digital Bank

Primera edición: enero de 2003

Diagonal, 662-664, 08034 Barcelona
ISBN: 84-270-2865-2
Depósito legal: B. 15-2003
Fotocomposición: Víctor Igual, S. L.
Impresión: A&M Gràfic, S. L.
Encuadernación: Lorac Port, S. L.

Impreso en España - Printed in Spain

Dedico este libro a mis hermanos
y sobrinos

AGRADECIMIENTOS

Doy las gracias, en primer lugar, a mi madre, que fue quien me introdujo y me enseñó el arte culinario, e hizo despertar en mí el «gusanillo» por satisfacer el paladar y el estómago de mis comensales, y también a la Vida, que me creó inquieta e inconformista ante la falta de salud generalizada de la sociedad en que vivimos, lo cual me llevó a investigar sin cesar el cómo y el porqué. Finalmente, me condujo ante las puertas del Higienismo, práctica que ofreció respuestas a mis dudas, y soluciones prácticas y reales a los problemas que se me planteaban...

A mis abuelas, Anna y Rosari, y a Natalia, Renate, Catalina, Barbra, Chelo, Carmela, Siseta y tantas otras mujeres que, a lo largo de los años, han compartido conmigo sus recetas y su buen quehacer culinario.

A Jimmy, que me enseñó a valorar la importancia de la presentación y decoración de los platos.

A mis familiares, especialmente a mis hermanos, a mi familia política, y a mis amigos. Todos ellos han confiado en mí como cocinera, y han sabido apreciar, valorar y alabar mis habilidades culinarias.

A todas aquellas personas que han acudido a mí en busca de asesoramiento nutricional y de salud, y a las que me han pedido con insistencia un recetario vegano.

A todos ellos debo mi agradecimiento, puesto que sin el estímulo de sus alabanzas, consultas y dudas no habría podido dar a la luz el libro que ahora tenéis entre manos.

ÍNDICE

COCINA VEGANA

COCINA OVO-LÁCTEO-VEGETARIANA

INTRODUCCIÓN

Éste es un libro de cocina, un libro de recetas ovo-lácteo-vegetarianas, veganas y crudívoras. No podemos, ni debemos, separar la cocina de la salud, puesto que lo que ingerimos (o dejamos de ingerir) resultará esencial para conseguir y mantener un buen estado de salud.

Por eso, en el apartado que sigue, daré unas normas básicas sobre lo que es una alimentación sana, la conveniencia de consumir productos biológicos, de respetar las combinaciones correctas y de respetar, entre otros aspectos, los horarios del cuerpo.

Estas indicaciones serán bastante breves, aunque completas. Para más detalles, remito al lector a mi libro *Guía práctica de salud y nutrición*, editado por Índigo (Barcelona, 1998), donde hallará explicaciones más amplias referentes a temas como los cereales, la miel o la sal.

Antes que nada, conviene aclarar algunos términos básicos:

- Cuando hablo de cocina crudívora, me refiero a alimentos sin cocinar, en su estado crudo. Al tratarse de un libro de cocina vegetariana, se da por supuesto que me refiero exclusivamente a productos de origen vegetal. La cocina crudívora incluida en este libro es vegana, aunque el término podría referirse incluso a un régimen alimenticio cárnico (de hecho, dentro de una rama de las medicinas alternativas, y dentro de los llamados crudívoros, los hay que aceptan la carne, el pescado, los lácteos y los huevos en estado crudo).
- La cocina vegana se refiere a los alimentos de origen vegetal, es decir, no incluye huevos, lácteos ni miel. Dentro de la cocina vegana pueden darse recetas cocidas o crudas.
- La cocina ovo-lácteo-vegetariana es la más común dentro de la llamada, genéricamente, cocina vegetariana. Tal como se apunta en el apartado anterior, se basa en productos vegetales, pero admite ciertos derivados de origen animal que no exigen su sacrificio directo, es decir, se admiten los huevos, los lácteos y la miel.

Para una mayor facilidad y comprensión, he intentado separar las recetas crudívoras de las veganas y las ovo-lácteo-vegetarianas. No obstante, debemos tener presente que dentro de la cocina ovo-lácteo-vegetariana se pueden incluir todas las recetas del apartado de recetas crudívoras y veganas. Del mismo modo que las recetas crudívoras se podrían incluir en un régimen vegano. Así, resulta que muchas de las recetas que constan en el libro podrían figurar, indistintamente, en cualquiera de los tres apartados.

Es muy importante tener en cuenta que la cocina es un arte, es *creatividad*, y, por lo tanto, debe ser amena y divertida. Aunque aquí propongo una serie de recetas, que he procurado que sean lo más amplias y variadas posibles, aconsejo que cada cual haga sus propios pinitos, se lance a investigar con cambios de ingredientes, a crear sus propias recetas, a decorar cada plato con imaginación y alegría... Y dejemos la carne para los carnívoros.

También es importante abandonar los tópicos sobre la comida vegetariana: «es siempre igual», «es rutinaria», «es muy complicada», «yo no puedo porque el resto de la familia es carnívora», «es cara», «es exótica», «es rara», «hay poca variedad», «exige demasiado tiempo», «hay que sustituir la carne» o «todo sabe igual».

Tal como dice el refrán: querer es poder. Y repetimos: imaginación y buena voluntad. Hay numerosas recetas tradicionales que ya son vegetarianas de por sí, pero estamos acostumbrados a incluir dichos platos en el marco de un menú omnívoro, y no caemos en la cuenta de que son vegetarianos, apetitosos, nada raros, tradicionales, «de toda la vida», asequibles y fáciles de hacer.

Podemos elaborar una cocina vegetariana simple, variada, imaginativa, nutritiva y atractiva para nuestros sentidos con los productos de temporada, de mercado, utilizando las variedades propias de cada región y basándonos en la cocina tradicional española.

Así, si una receta habla de manzanas, pero se tiene un huerto con muchos perales, no se dudará en sustituir las manzanas por peras, y lo mismo con cualquier otro ingrediente.

En el presente libro he intentado justamente esto: demostrar que la cocina vegetariana es fácil, apetitosa, capaz de cubrir nuestras necesidades nutritivas, rápida, sencilla (o tan complicada y exótica como queramos, aunque no necesariamente), basada en productos nada complicados, de nuestra tierra y variadísima.

Ya empieza a ser hora de que desmitifiquemos la alimentación vegetariana, de que aprendamos a reconocer la riqueza que nuestra gastronomía tradicional tiene que ofrecernos, y abandonar la idea de que la cocina vegetariana que se precie tiene que centrarse necesariamente en productos tan poco familiares para nuestra tradición como el tofu, las algas o ciertas especias.

Si tenemos previsión, ganas de crear, de inventar y de improvisar, también consideraremos la posibilidad de «reciclar» los sobrantes de comida, como los caldos de cocción de las verduras, aquel resto de menestra que quedó, la pulpa que resulta tras el licuado de frutas y verduras, etc.

Los caldos se pueden aprovechar, por ejemplo, para cocer pasta o arroz, o para confeccionar una sopa, una crema o una salsa. E incluso para regar las plantas (una vez esté frío, por supuesto).

Los restos de verduras (al vapor, pistos, menestra, a la plancha o estofadas) se pueden utilizar como relleno de empanadas, empanadillas, pizzas, pasteles de arroz o de puré de patatas, encima de unas tostadas, como base para una salsa, haciendo un puré con ellas (que usaremos como guarnición de otro plato, por ejemplo) o confeccionando un imaginativo paté.

También las podemos poner en unas cazuelitas individuales, cubiertas con bechamel y gratinarlas. O añadirlas, bien trituradas o finamente picadas, a una salsa de tomate, con lo cual ésta ganará en sabor y originalidad.

Los restos de pulpa se pueden aprovechar para confeccionar salsas o mermeladas, o enriquecer algunos guisos.

Creo que en la cultura del *fast food* y del «usar y tirar» es importante reaprender el viejo arte de aprovechar y valorar lo que tenemos. Y a este respecto, en la cocina podemos hacer mucho. El ritmo frenético en el cual la mayoría de nosotros vivimos inmersos nos hace despilfarrar un montón de cosas (no sólo comida y dinero), y perder la capacidad para saborear las pequeñas cosas, las de toda la vida, y algunas tradiciones que, a pesar del tiempo, siguen siendo válidas y preciosas. Y en un ámbito aparentemente tan banal como la cocina podemos hacer mucho divirtiéndonos, creando, recuperando antiguas recetas y viejas sabidurías populares.

En las recetas que siguen, si no se indica lo contrario, las cantidades sugeridas suelen ser para cuatro personas.

En cuanto a los tiempos de cocción que se recomiendan, hay que tener en cuenta que pueden variar enormemente por varios factores: el tipo de agua, la clase de utensilios (ollas, hornos, etc.), la calidad o el tipo de ingrediente (hay muchas clases de arroz integral, por ejemplo). Por ello no hay que tomarlos a rajatabla, e ir viendo cómo ajustarlos en cada caso concreto.

La combinación de los alimentos

Conviene combinar los alimentos de una forma determinada (según el gráfico de la pág. 55), a fin de favorecer la digestión. Es decir, que el criterio que se sigue a la hora de establecer compatibilidades tiene en cuenta el tipo de pH que requiere cada uno de ellos y el tiempo de digestión.

Así, la norma básica es la siguiente:

- Cuanto más simple, mejor. O sea, que cuantos menos elementos intervengan en una comida determinada, tanto mejor será la digestión.
- Tratar de comer sólo un tipo de alimento concentrado en cada comida, es decir, un solo tipo de proteína, o un solo tipo de hidrato de carbono concentrado, o un solo tipo de grasa. No conviene mezclar en la misma comida proteínas con hidratos de carbono, ni proteínas con grasas.
- Es mejor comer las frutas solas, es decir, hacer una comi-

da sólo de frutas, sin combinarlas con otros alimentos. No es recomendable mezclar frutas ácidas con frutas dulces.

- Es mejor no comer los melones y las sandías con otro tipo de frutas.
- Las verduras con poco almidón combinan bien tanto con proteínas como con el grupo de los hidratos de carbono (o almidones).
- Las verduras con elevado contenido en hidratos deben ser combinadas con el grupo de los almidones concentrados (patatas, cereales).
- El grupo de las grasas (aguacates, aceites, mantequillas, margarinas, nata...) combina con las verduras (poco o muy almidonadas), con los hidratos de carbono concentrados y con las frutas ácidas y semiácidas.

De todos modos, no debemos obsesionarnos en aprendernos estas «normas» de memoria. En el gráfico de la página 55 se exponen de forma muy simple y visual, lo que facilita su aprendizaje. Sólo es cuestión de práctica, y de acostumbrarse a pensar un poco antes de escoger aquellos elementos con los que vamos a confeccionar la comida del día, o a la hora de adaptar alguna antigua receta de la familia a los criterios expuestos, omitiendo, cambiando o añadiendo los ingredientes que creamos más adecuados.

Y para finalizar este breve apartado sobre las combinaciones de los alimentos, debo indicar que en las recetas que siguen se ha procurado respetar al máximo dichas normas. Sin embargo, no siempre ha sido posible, sobre todo en lo que se refiere a las recetas ovo-lácteo-vegetarianas, en las cuales intervienen siempre proteínas (lácteos y/o huevos), que en muchos casos se acompañan con hidratos de carbono (patatas, cereales, etc.). Y casi siempre en los postres.

Por ello sugiero que siempre que se tomen comidas en las que intervengan alimentos no demasiado compatibles, se acompañen con una buena ensalada de crudos, sin incluir otros platos. De este modo facilitaremos, en la medida de lo posible, las digestiones y una buena asimilación de los nutrientes.

Alimentos ideales para el ser humano

Sin duda alguna, los alimentos a los cuales el ser humano está mejor adaptado son los del reino vegetal, y en su forma cruda. Numerosos estudios y experiencias avalan esta afirmación. Así, lo ideal sería comer frutas y ensaladas acompañadas, ocasionalmente, por algún fruto oleaginoso (crudo, por supuesto), correctamente combinados, en un estado óptimo de madurez, a temperatura ambiente, bien masticados, comidos con una mente abierta y positiva, con un estado de ánimo relajado, y, siempre que sea posible, de cultivo biológico.

Para deducir, de forma fácil y clara, qué alimentos son o no aptos para la alimentación del ser humano, hay una serie de datos que nos pueden ayudar mucho: el alimento en cuestión no debe ser tóxico en su estado natural, sino atractivo a nuestros sentidos; deberíamos poderlo consumir tal como nos lo proporciona la naturaleza, es decir, crudo, disfrutando con su sabor; de fácil digestión; debe contener las sustancias nutritivas adecuadas a nuestras necesidades, y, sobre todo, deberíamos poder hacer una sola comida con dicho alimento, disfrutando con ello (cosa que podemos hacer con los melocotones, pero que, por ejemplo, no podemos hacer con las cebollas crudas).

Es importante insistir en el tema de usar productos de cultivo biológico. Éstos, aparte de las consideraciones de tipo ecológico (desde luego muy importantes, puesto que no podemos estar sanos comiendo alimentos que han crecido en una tierra contaminada o enferma) y muchas otras razones que no vienen al caso, contienen menos tóxicos (dado el alto nivel de contaminación actual de la tierra, el aire y el agua, por desgracia, no los hay que estén absolutamente libres de elementos químicos), y son mucho más concentrados en nutrientes, los cuales, además, resultan de una mayor calidad biológica.

Así pues, a la hora de planificar y escoger los menús, procuraremos que lo crudo predomine sobre lo cocido, y evitaremos al máximo aquellas sustancias que no sean recomendables para el ser humano, en aras de obtener un nivel de salud óptimo.

La forma correcta de comer

La forma «correcta» de comer, desde el punto de vista de la salud, es, en primer lugar, hacerlo siempre con hambre real, prescindiendo de horarios o compromisos. Y, por supuesto, en un ambiente de tranquilidad, con una mente positiva y abierta, masticando a conciencia, en ausencia de emociones intensas (ira, disgustos, impaciencia...) o de trastornos físicos agudos (fiebre, y la mayor parte de las llamadas «enfermedades»). También es importante la temperatura del alimento, que no deberá estar ni demasiado frío ni demasiado caliente.

En cuanto a las cantidades, no hay una norma fija, ni siquiera para una misma persona. Deberíamos comer según el hambre real que tengamos, que unos días será más y otros menos. Incluso puede que alguna vez prefiramos omitir alguna comida.

Es muy recomendable ir recuperando el contacto con el propio cuerpo, respetándolo, obedeciéndolo, cubriendo sus necesidades reales, y no las que podamos juzgar desde la mente o desde las frías tablas de un libro. ¡Usemos el sentido común!

Organización de los menús

En el libro, doy indicaciones para preparar primeros y segundos platos, platos combinados, bebidas, salsas y postres, pero no así desayunos ni meriendas.

Debemos tener presente que, a la hora de decidir cuántas comidas tomaremos en el día, lo ideal sería escuchar a nuestro propio cuerpo. Es decir, comer sólo si tenemos hambre, y no hacerlo si no se tiene, pese a que sea «hora de comer» o de que, a lo mejor, llevemos más de veinticuatro horas sin probar bocado. El cuerpo, nuestra inteligencia somática, es infinitamente más sabio en cuanto a salud física se refiere que nuestra mente, la cual, arbitrariamente, llega a unas conclusiones que a menudo son desacertadas y, por lo tanto, nocivas para nuestra salud.

Así, en el caso de un adulto, en general lo mejor será no desayunar, puesto que la mayoría de nosotros no solemos sentir hambre real hasta casi el mediodía (lo cual tiene su razón de ser, ya que en estas horas el cuerpo está ocupado en tareas de eliminación, que se interrumpen, en gran medida, al ingerir alimentos). Sin embargo, si se tiene hambre el desayuno ideal son las frutas frescas de temporada, pues resultan de fácil digestión y asimilación y nos proporcionarán energía de forma casi instantánea. Además, tienen la ventaja de que el cuerpo invierte en su digestión muy poca energía, de manera que apenas interrumpe las tareas de eliminación.

En el caso de los niños, tanto en el desayuno como en la merienda (y si tienen hambre), también deberían tomar fruta, en la cantidad deseada por cada niño.

Cuando vayamos a planificar nuestros menús, debemos sacarnos de la mente la idea tradicional de «primer plato-segundo plato-bebida-postre-café». Tampoco necesitamos sustituir la carne o disfrazarla con otros productos que ofrezcan un aspecto parecido, ni obsesionarnos por la escasez proteica (hablamos de ello a continuación).

Lo realmente importante es combinar bien los alimentos y disfrutar de la comida.

Como ya he mencionado antes, los postres no suelen constituir una buena combinación ya de por sí, ni tampoco suelen combinar con los otros platos que forman parte de la comida. Por ello, insistimos, debemos acompañarlos siempre (o mejor dicho, precederlos) de un buen plato de ensalada.

Volviendo a lo de sustituir la carne, los vegetarianos no suelen sentir tal «necesidad», sino que más bien proviene de las personas que la consumen habitualmente y que la conciben como parte esencial de su dieta.

Sin embargo, se sabe que la carne (incluidos todos sus derivados y también los pescados y también mariscos) no es en absoluto indispensable para una nutrición correcta, y que incluso resulta perjudicial para nuestra salud (numerosos estudios relacionan una dieta elevada en productos de origen animal con la aparición, cada vez más frecuente, de enfermedades degenerativas: cáncer, artrosis, artritis, Alzheimer, Parkinson, esclerosis y un largo etcétera). Además, hay muchas culturas que llevan siendo vegetarianas desde hace milenios, sin que su salud se haya resentido por ello, pues se sabe que entre ellos son desconocidas las llamadas enfermedades de la civilización.

Por lo tanto, como vegetarianos no sentimos ninguna

necesidad de sustituir nada, pero sí de que nuestra dieta sea variada, nutritiva y apetitosa.

En cuanto a la «proteinomanía», hay que tener en cuenta que la época durante la cual se necesita ingerir una mayor cantidad de proteínas es durante la lactancia, cuando el crecimiento es más rápido e intenso. El alimento ideal para el bebé es, sin duda alguna, la leche de su madre. Pero debemos saber que la leche materna tiene una concentración de proteínas relativamente baja, comparable al contenido proteínico de cualquier fruta (sí, las frutas también contienen proteínas). Así pues, no hay razón para preocuparse por el tema, ya que está de sobra demostrado que lo realmente peligroso es una ingesta excesiva de proteínas, sobre todo las de origen animal, lo cual, como ya he dicho, está directamente relacionado con enfermedades crónicas y degenerativas.

Cuando una persona tiene un problema por falta de proteínas, suele ser porque tiene dificultad en asimilarlas, no por deficiencia de éstas en su dieta. Por lo tanto, lo adecuado sería corregir la situación mediante un ayuno controlado (supervisado por un profesional experto en el tema).

De ese modo, nos olvidaremos de los famosos (y caros) derivados de la soja (la cual, además, no resulta nada aconsejable, dado su elevado contenido en purinas, excepto si es germinada) en forma de tofu, leche, hamburguesas, frankfurts o albóndigas.

Podemos gozar con nuestra alimentación sin tener que

suplir la carne con otro tipo de productos, que ahora sabemos que ni son sanos ni necesitamos para nada.

La cocción de los alimentos

Como ya he dicho, el estado ideal de consumición de los alimentos es el crudo. Todos los animales, incluido el ser humano, estamos adaptados a una dieta cruda; la naturaleza no ha dispuesto cocinas para nosotros. Sin embargo, el ser humano, en su evolución, y dado que ha conquistado terrenos que en un principio no eran salubres para él, se encontró con un grave problema que solventó, en parte, sometiendo ciertos alimentos a cocción, con lo que consiguió hacer digeribles algunos alimentos, como por ejemplo las patatas, y disimular y hacer aceptable el sabor, aspecto y aroma de otros alimentos, como la carne.

No obstante, hay que tener bien presente que la cocción no es un hábito saludable, y que conviene evitarla en la medida de lo posible. Los principales perjuicios que produce son:

— se destruyen la mayor parte de vitaminas y enzimas;
— se coagulan las proteínas;
— se pierde gran parte de la fibra;
— se caramelizan los azúcares;
— las grasas crean hidrocarburos y ácidos grasos, que son tóxicos y cancerígenos;

— se pierde gran parte del agua de los alimentos;
— los minerales pasan al estado inorgánico y por tanto son inasimilables;
— algunos hidratos de carbono se vuelven indigestos;
— se crean nuevas sustancias tóxicas, pues se altera la química de los componentes de los alimentos;
— se pierde el sabor de los alimentos.

Así pues, es evidente que cuanto menos cocido, mejor. Pero si optamos por la cocción procuraremos que los alimentos queden lo más crudos y crujientes posible, a fin de que conserven al máximo las propiedades nutritivas, el sabor, color y aroma.

Formas de cocinar. Ventajas e inconvenientes

- Microondas: Aparato que ha adquirido gran popularidad en los últimos años, pues permite cocinar o calentar los alimentos en un tiempo muy breve. Sin embargo, desde el punto de vista de la salud, no es nada recomendable, dado que su principio de acción se basa en provocar ciertas alteraciones y movimientos a nivel celular, lo cual hace que el alimento (a pesar de no perder su sabor) vea gravemente alterado su valor nutritivo, pudiendo incluso llegar a presentar cierto nivel de toxicidad.
- Olla a presión y de cocción rápida: Tiene la ventaja de que puede cocer alimentos en muy poco tiempo, utili-

zando, además, muy poca agua, con lo cual el alimento no pierde su sabor; incluso podemos evitar el uso excesivo de sal. Sin embargo, la temperatura a la cual se somete al alimento es mucho más alta que la que se alcanza en un tipo de cocción más tradicional. Ello provoca, tal como se ha visto en el apartado anterior, una importante pérdida nutricional.

- Olla Vitalisseur: Su funcionamiento se basa en la teoría de que las altas temperaturas destruyen el valor nutritivo de los alimentos. Son ollas que cuecen más lentamente, pero sin alcanzar jamás los 100 °C, conservando así más nutrientes y sin alterar el sabor. También tiene la ventaja de cocer los alimentos al vapor.
- Ollas de aluminio: Pese a ser un recipiente bastante tradicional, tiene el inconveniente de que, con la cocción, se van diluyendo las sales de aluminio en el alimento, lo cual resulta tóxico.
- Olla de barro: Utensilio largamente empleado en nuestra gastronomía. Sin embargo, debemos tener en cuenta que requieren ciertos cuidados, pues son bastante frágiles. Es importante buscar aquellas cuyo barniz no contenga plomo, lo cual las convierte (en este caso) en nada recomendables.
- Ollas de vidrio y de acero inoxidable: Son buenos recipientes para cocer, pues no ofrecen toxicidad. Hay que aprender a realizar la cocción de forma sana, es decir, con menos grasa o al vapor.

- Horno: Asar al horno suele ser una buena manera de cocer, siempre y cuando procuremos que los alimentos no se quemen. A pesar de lo atractivo que resulta a la vista, el tono «doradito» no es muy recomendable desde el punto de vista de la salud. Así, habrá que intentar que, al dorar los alimentos, no queden demasiado tostados.
- Vapor: Es, quizá, la forma de cocer más recomendable. Al usar una cantidad de agua ínfima, los alimentos mantienen mejor tanto su sabor, como su color y sus propiedades nutritivas. Ello trae como consecuencia que, si lo hacemos bien, no necesitemos sal (ni siquiera los paladares más exigentes suelen echarla en falta), lo cual es otra ventaja añadida para nuestra salud.
- Hervido: Es una buena manera de cocer, pero se suele utilizar demasiada agua, lo cual, como hemos visto, diluye el valor nutritivo del alimento, y luego, en la mayor parte de los casos, no se suele aprovechar. Podemos cocer de forma fácil, aprovechando, al mismo tiempo, todo el valor nutritivo del alimento.
- Plancha y brasa: También son formas de cocción interesantes. Sin embargo, hay que procurar que los alimentos no se quemen, tal como se ha indicado al hablar de la cocción al horno.
- Fritos: Hoy, afortunadamente, ya empieza a estar un poco de más hablar de los perjuicios de las frituras. Efectivamente, cada vez que el aceite sobrepasa los 100 °C, genera una serie de sustancias que son cancerígenas en poten-

cia. Por lo tanto, si en alguna ocasión optamos por ese tipo de cocción, procuraremos usar aceite limpio, y, tras la fritura, dejaremos reposar el alimento en un papel absorbente, a fin de eliminar el máximo de aceite que, inevitablemente, habrá retenido. Por supuesto, jamás reutilizar el aceite que ya hemos usado.

Los ciclos naturales del cuerpo

Durante el día, y dependiendo de la hora, el cuerpo realiza distintas actividades metabólicas, ajustándose a los ciclos circadianos (ritmo día/noche).

Por ello resulta interesante tener en cuenta qué tipo de trabajo está realizando el cuerpo en esta hora concreta, a fin de no interrumpirlo, y de facilitarle las cosas. Ello redundará en pro de nuestra salud.

Así tenemos, aproximadamente, el siguiente «horario»:

- De 06.00 h a 14.00 h: El cuerpo se halla en fase de eliminación, por lo que resulta aconsejable no consumir ningún alimento durante este período, a fin de no interrumpir esa importante función. He aquí la explicación de por qué durante la mañana el olor corporal y el aliento son más intensos, y la orina más densa.

Para poder mantener el cuerpo sano es esencial que esté libre de toxinas. De ahí la importancia de no ingerir alimento alguno durante este tiempo (el caso de los niños es distinto, puesto que sus necesidades son otras, al encontrarse en un intenso período de crecimiento).

- De 14.00 h a 22.00 h: Fase de apropiación. Por tanto, el período ideal de ingesta de alimentos.
- De 22.00 h a 06.00 h: Fase de asimilación, en la cual el cuerpo asimila los nutrientes contenidos en los alimentos que hemos tomado durante el día.

Evidentemente, como ante cualquier cosa en la vida, NO HAY QUE SER RÍGIDOS. Pero insistimos: es importante estar atento a lo que está pasando en nuestro cuerpo, interpretando correctamente las señales que éste nos envía. Así, hay que descansar cuando se está cansado, dormir cuando se tiene sueño, beber cuando se tenga sed o comer cuando se tenga hambre, y dejar de tratar al cuerpo según un horario rígido o las normas estrictas que puedan aparecer en cualquier libro. Debemos ser atentos, amables, respetuosos y suaves con él, sólo así conseguiremos un grado de salud óptimo, tanto física, como psíquica, incluso espiritual.

Además, también es interesante tener en cuenta que el cuerpo siempre somatiza, es decir, que lo que ocurre en nuestro interior no sólo tiene una lectura puramente física: «he tenido un accidente», «he comido mal»... sino también emocional, y ello resulta altamente útil en nuestro proceso de crecimiento interno (si queremos aprovecharlo).

Dietas de eliminación

Para conseguir eliminar mayor cantidad de tóxicos de lo habitual, podemos someternos a determinadas dietas que nos ayudarán a conseguirlo, pues contienen menos tóxicos y por tanto requieren que el cuerpo invierta menos energía en su proceso de metabolizarlas.

De todos modos, antes de iniciar algún cambio drástico en nuestra dieta, es recomendable acudir a un profesional de la salud convenientemente preparado, o buscar el máximo asesoramiento para ello.

A título de información, cabe indicar que una dieta de crudos, o a base de zumos frescos, monodieta (constituida por un solo tipo de alimento, por ejemplo, uva, o naranjas), puede constituir una buena manera de planificar un período de eliminación más intenso, sin tener que llegar a un ayuno hídrico (bebiendo sólo agua).

Ayunos

El ayuno es, sin duda, el método más rápido, seguro y eficaz de recuperar la salud, y también de eliminar tóxicos. El ser humano lo ha utilizado desde siempre, y al observar a los animales en la naturaleza, vemos que, espontáneamente, recurren a él cuando están enfermos o heridos.

Durante el ayuno el cuerpo internaliza su energía, y la

dedica a la tarea vital de eliminación de tóxicos y reparación de daños. Por ello, tanto durante el ayuno como durante la «enfermedad» (que no es otra cosa que el proceso de desintoxicación y reparación emprendido a instancias del propio cuerpo), el sujeto siente la necesidad de descansar mucho, de dormir, no se suele tener hambre, y también aparece la necesidad de estar tranquilo, tanto de cuerpo como de mente. Es importante comprender al cuerpo en este momento, y dejarlo inteligentemente solo, sin pretender «ayudarlo» de ninguna manera, ni tampoco sofocando los síntomas. Lo más útil y positivo para todos es la comprensión profunda de todo el proceso, tanto de un modo puramente físico, como simbólico. Repito: nunca debemos emprender un ayuno largo por nuestra cuenta sin disponer de la información necesaria o sin el asesoramiento y la supervisión de un profesional competente.

Sin embargo, podemos realizar cortos ayunos preventivos por nuestra cuenta pues, en principio, no deben presentar ningún problema.

Una forma de hacerlo sería practicar 24 horas de ayuno a la semana (ello, por supuesto, hace referencia sólo a los adultos), o también, una vez al mes (dependiendo siempre de factores como el tiempo, el peso, el estado anímico, el nivel toxémico, la comprensión del proceso, la voluntad, los temores...) realizar un ayuno corto de tres días.

Es importante tener en cuenta que durante el ayuno no se debe despilfarrar energía en otras actividades, como trabajar, leer o pasear, a fin de que el cuerpo pueda utilizar el máximo de su actividad interna.

Alimentación infantil

A lo largo del libro se dan indicaciones sólo para la alimentación adulta. Sin embargo, en cuanto a la alimentación infantil, se debe tener presente que, una vez superada la fase de lactancia (conviene que sea lo más larga posible, hasta que el niño tenga dientes y empiece a mostrar interés por otro tipo de alimentos), los niños tienen una mayor necesidad de energía y nutrientes que los adultos, puesto que están en fase de crecimiento. Así pues, requerirán mayores cantidades de alimento e incluso comer más a menudo.

El alimento ideal para darles entre horas (como segundo desayuno o como merienda) son las frutas dulces, que podemos complementar con fruta desecada. Es totalmente desaconsejable que tomen productos de bollería (sobre todo la industrializada), pues son la causa del alarmante aumento del colesterol entre nuestros pequeños, trastorno hasta hace poco desconocido entre la infancia, así como la caries, la obesidad y otros. Debemos reeducar el paladar de los niños, lo que nos asegurará, al mismo tiempo, que van mejor alimentados, contribuyendo a evitar así las consabidas «enfermedades infantiles».

Como padres, tenemos el deber de inculcar a nuestros

hijos conductas alimentarias correctas y la responsabilidad sobre su salud. ¡No abandonemos una tarea tan esencial (que tan profundamente puede marcar la vida de una persona) en manos de terceros!

Recomendaciones

— Procuraremos respetar al máximo las combinaciones alimentarias.

— Aprender a escuchar el cuerpo: comeremos si tenemos hambre, dormiremos si tenemos sueño o no beberemos si no tenemos sed.

— Ventilaremos al máximo el lugar en que estemos y, en la medida de lo posible, dormiremos con la ventana abierta (lo que no significa pasar frío, o dormir en medio de una corriente de aire).

— No nos obsesionaremos con el peso ni en contar calorías. Si la alimentación es sana y se respetan las combinaciones, el cuerpo irá ajustando su peso, sin llegar a la necesidad de tener que quedarse con hambre, o prescindir de ciertas cosas. Debemos tener en cuenta que, como todos los demás trastornos, el exceso de peso tiene su lectura emocional, la cual es conveniente atender correctamente.

— Intentaremos que los alimentos sean predominantemente crudos. Si se está acostumbrado a cocerlos mucho, se pueden ir reduciendo paulatinamente los tiempos de cocción, así recuperaremos poco a poco nuestro paladar por lo crudo.

— Haremos ejercicio físico cada día, teniendo en cuenta las posibilidades corporales reales de cada momento (nunca forzaremos más allá de lo posible).

— Otro factor de salud que hay que tener también en cuenta es el sol. Una buena medida preventiva es tomarlo un poco todos los días (en verano, sobre todo, debe imperar la prudencia y la moderación: lo importante es la salud, no el tono más o menos oscuro que pueda alcanzar nuestra piel).

— Si se tiene sed, la bebida más saludable es el agua, cuanto más pura mejor, de baja mineralización. Si no se tiene sed, es un sinsentido forzarnos bebiendo litros y litros de agua. El cuerpo es muy sabio y da claras muestras cuando requiere un aporte extra de líquido, al igual que sentimos sueño y cansancio cuando necesita reposo.

— Dormir es también esencial para recuperar y mantener la salud. Aun así, olvidaremos el reloj, y que se deben dormir tantas o cuantas horas. Lo realmente importante es dormir las horas que uno requiera en cada momento. No nos podemos forzar a dormir de más cuando el cuerpo ya no lo necesita. A medida que se va recuperando el nivel de salud, lo normal es que se requieran menos horas de sueño, pero también, al principio de un cambio de vida a otro más saludable, suele ser habitual que el cuerpo nos pida dormir más. Ello es una buena señal, y nos convendrá respetarlo. Lo que sí es importante es tener en cuenta la ropa de cama, que haya silencio, que la luz no sea excesiva y que la habitación esté bien ventilada.

— Como vamos viendo, en la salud no todo es comer bien y sano. Otras actividades, como las de ocio o relax, son también esenciales para nuestro bienestar. La creatividad alimenta una parte de nuestro ser que el alimento físico no alcanza. Divertirse, reírse, estar a gusto haciendo alguna cosa en concreto es también básico para nuestra salud global.

— Aprenderemos a comprender el funcionamiento de nuestro cuerpo, apartando viejos (o modernos) mitos y supersticiones. La naturaleza es sabia. El cuerpo tiende siempre a la homeostasis (la salud, el equilibrio). Debemos, pues, aprender a confiar más en él y a conocerlo mejor.

— Una mente abierta, positiva y receptiva es también esencial para nuestra salud, así como para nuestro crecimiento interior.

— Al escoger los alimentos, preferiremos siempre los productos integrales a los refinados, y los de cultivo biológico por encima de los tratados químicamente.

Alimentos y sustancias a evitar o eliminar en la medida de lo posible

- café, té, infusiones, tabaco
- chocolate
- sal, pimienta, especias
- vinagre

- todo tipo de bebidas alcohólicas
- todo tipo de bebidas carbonatadas (gaseosas, colas, tónicas...)
- hidratos de carbono refinados (azúcar blanco, arroz blanco, pan blanco...)
- tomar postres (incluso si es fruta)
- alimentos en conserva (tetra-briks, embutidos, salazones, latas, tarros de cristal, congelados...)
- beber durante las comidas (hace diluir los jugos gástricos y evita que realicemos una masticación suficiente...)
- fritos
- grasas (aceites de todo tipo, manteca, mantequilla, margarina, nata...). Si se quiere aliñar algo, que sea con aceite crudo, preferiblemente de origen biológico y de primera presión en frío
- alimentos demasiado fríos o demasiado calientes
- suplementos vitamínicos o medicaciones (¡atención si está tomando cortisona, tiroidina, insulina, medicación psiquiátrica...!). Nunca debemos medicarnos por cuenta propia, ni suspender una medicación, sin consultar antes con el médico
- ajos, cebollas y demás «parientes» en crudo
- edulcorantes artificiales
- repostería, pastelería, sobre todo si es industrial
- procuraremos reducir al máximo el consumo de cualquier tipo de producto de origen animal (carnes y derivados, pescados y mariscos, lácteos, huevos y miel)

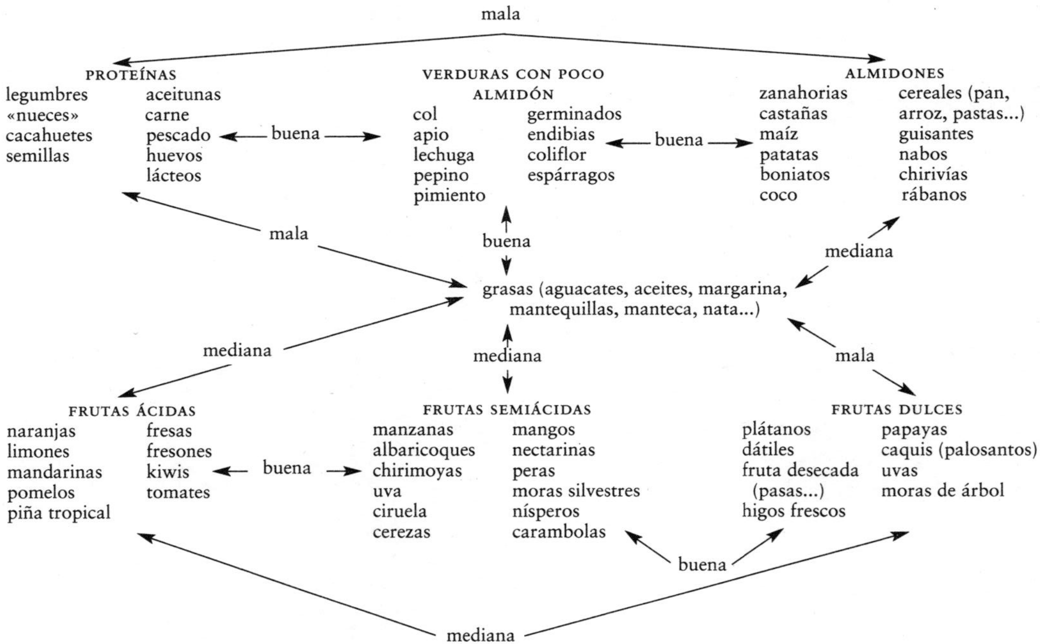

Los melones y sandías se deben comer solos.
Las frutas hay que comerlas solas, en una comida. Sólo combinan bien con la lechuga y el apio.
Los tomates se pueden comer con los vegetales con poco almidón, con proteínas o con aguacate.
Debemos tomar una sola variedad de proteína en cada comida (es decir, no mezclar más de una proteína).

COCINA CRUDÍVORA

I

ENSALADAS

En la preparación de las ensaladas, cada cual seguirá sus gustos o costumbres personales. Tanto podemos cortar los ingredientes a grandes trozos, como a cachitos, obteniendo así una ensalada tipo «chino». También es importante la presentación. Podemos optar por mezclar todos los ingredientes en una fuente de servir, decorada de forma artística, o bien colocarlos directamente en los platos.

En cuanto a las cantidades, depende de cada cual. Las proporciones de cada ingrediente también variarán según las preferencias personales. No olvidemos que la cocina es un arte, es creativa, y por tanto hay que apartarse de cualquier rigidez.

A la hora de preparar las ensaladas lo importante será lavar bien todos los ingredientes y, siempre que sea posible, conservaremos la piel de los mismos, puesto que ésta posee un elevado contenido nutricional que conviene no desdeñar.

Así, las zanahorias, los pepinos o los rábanos se pueden consumir, perfectamente, con su piel.

En cuanto al aliño, en algunas ensaladas se sugiere un aliño específico. Sin embargo, siempre podemos escoger alguno de los que figuran en el apartado de salsas y aliños, o cualquier otro de nuestro agrado aunque no conste en el presente libro. De igual modo, hay quien prefiere no aliñarlas. Sea cual sea la opción, todas son válidas y respetables, que ya lo dice el dicho: «Sobre gustos no hay nada escrito.»

En algunas ensaladas aparece el maíz crudo como ingrediente. Me refiero al maíz tierno, blandito, jugoso y muy sabroso. No tiene nada que ver con el maíz duro y seco que damos a las gallinas (que también es crudo), ni tampoco con el de lata o el congelado. Se consigue (sólo durante la temporada, por supuesto) en la sección de verduras de los buenos supermercados y tiendas de comestibles, y suele presentarse en la mazorca y envasado en una bandeja de porexpán con film transparente (no confundir con el maíz que viene precocido).

Aguacates rellenos

INGREDIENTES PARA 8 PERSONAS

4 aguacates maduros – 2 tomates grandes
2 zanahorias grandes – 1 cebolla muy pequeña
100 g de maíz crudo – 1 pimiento rojo

Elaboración

Lavar todos los ingredientes. Partimos los aguacates por la mitad, a lo largo, y sacamos el hueso. Seguidamente, los vaciamos (con ayuda de una cuchara) y reservamos las cáscaras. Rallamos la cebolla y las zanahorias, y picamos finamente el resto de los ingredientes. Se puede aderezar con sal, pimienta o algunas hierbas aromáticas.

A continuación, rellenamos las cáscaras de los aguacates con la mezcla obtenida.

Podemos adornar cada aguacate con una fina rodaja de limón, una hoja de perejil, una rodaja de tomate o un tomatito de cereza.

Ensalada de col

Ingredientes para 3 personas

2 manzanas – 1 cucharada de pasas de Corinto
4 hojas de col blanca – ½ limón
aceite de oliva

Elaboración

Lavar todos los ingredientes. Quitamos el corazón de las manzanas y las cortamos a trozos pequeños. Cortar finamente las hojas de col. Mezclamos con las pasas y aderezamos con el zumo de limón y el aceite de oliva.

Ensalada de col y aguacate

INGREDIENTES PARA 4 PERSONAS

2 hojas de col blanca – 2 hojas de col lombarda
2 tomates maduros – 1 zanahoria
2 ramitas de perejil – 1 aguacate grande, maduro

ELABORACIÓN

Lavar y cortar a tiras finitas las hojas de las coles. A continuación, añadimos la zanahoria rallada, el perejil picado muy finamente y los tomates cortados a dados.

Partimos el aguacate longitudinalmente, extraemos el hueso con ayuda de un cuchillo afilado o una cuchara, y sacamos la pulpa del mismo con una cuchara.

Se mezclan todos los ingredientes en una ensaladera, se aliña al gusto y ya está lista para servir.

Pimientos rojos rellenos

INGREDIENTES PARA 4 PERSONAS

2 pimientos rojos, grandes y redondeados – ¼ de cebolla
2 ramas de apio – 150 g de aceitunas negras
1 pepino pequeño – 1 aguacate

Elaboración

Lavar todos los ingredientes. Partimos los pimientos por la mitad, longitudinalmente, y los vaciamos de pepitas, pero reservando el rabito. A continuación se procede a cortar, mezclar y aliñar todos los ingredientes, con los cuales se rellenan los medios pimientos.

Se sirven en platos individuales sobre un fondo de hojas de lechuga cortadas a tiritas.

Pimientos verdes rellenos

Ingredientes para 4 personas

4 pimientos verdes – un puñado de alfalfa germinada
un puñado de soja germinada – 2 troncos de apio (sin hojas)
1 pepino – ½ cebolla pequeña
para la decoración del plato: 3 hojas de lechuga,
un tomate y un puñado de aceitunas negras

Elaboración

Partir los pimientos longitudinalmente, limpiarlos de pepitas, pero conservando los rabos. En un bol mezclamos los germinados con el apio, el pepino y la cebolla, que habremos picado finamente. Aliñamos, y a continuación rellenamos las mitades de los pimientos con la mezcla obtenida y los colocamos de una forma artística en una fuente llana, que decoraremos con hojas de lechuga, rodajas de tomate y aceitunas negras.

Ensalada dulce de girasol

INGREDIENTES PARA 2 PERSONAS

100 g de semillas de girasol, crudas y peladas
2 tomates – 1 rama de apio
1 pepino mediano – 2 ramitas de perejil
1 pimiento rojo – brotes de alfalfa

ELABORACIÓN

Se lavan y cortan todos los ingredientes, y mezclamos en una ensaladera, aliñándolos al gusto.

Ensalada Waldorf

INGREDIENTES PARA 4 PERSONAS

2 manzanas – 2 ramas de apio
10 hojas de lechuga – 3 hojas de escarola
80 g de nueces – 100 g de pasas de Corinto

ELABORACIÓN

Cortar y mezclar todos los ingredientes. Se aderezan con el aliño que queramos.

Ensalada de espárragos

INGREDIENTES PARA 4 PERSONAS

un manojo de espárragos trigueros – tomates
zanahorias – rabanitos

ELABORACIÓN

Lavar y cortar los ingredientes, y mezclarlos en un bol grande. Aliñar al gusto.

Ensalada de invierno

INGREDIENTES (PARA EL NÚMERO DE COMENSALES QUE SE QUIERA, DEPENDIENDO DE LA CANTIDAD DE INGREDIENTES QUE SE USEN)

habitas tiernas – alcachofas crudas
champiñones crudos – tomate
zanahoria – perejil – el zumo de 1 limón

ELABORACIÓN

Sacar las habitas de su vaina, limpiamos y cortamos las alcachofas en trozos no demasiado grandes, los champiñones a láminas y los tomates y las zanahorias a trozos, según el gusto de cada cual. Para aliñar, utilizaremos el zumo de limón y espolvorearemos la ensalada con perejil finamente picado.

Ensalada tropical

INGREDIENTES PARA 6 PERSONAS

1 piña natural – 3 kiwis – 1 manzana
10 hojas de lechuga – 3 ramas de apio – 3 endibias
zumo de 1 limón – menta fresca

ELABORACIÓN

Cortaremos todos los ingredientes, aderezándolos con zumo de limón y espolvoreándolos con un poquito de menta fresca.

Pomelos rellenos

INGREDIENTES POR PERSONA

1 pomelo grande – ½ aguacate maduro
1 cucharada de mostaza – hierbabuena fresca

ELABORACIÓN

Cortar la parte superior del pomelo y, con cuidado, lo vaciamos cuidando de no romper la cáscara. Luego cortamos la pulpa del pomelo y la del aguacate, picamos un par de hojas de hierbabuena muy finamente y añadimos la mostaza. Lo mezclamos todo bien y rellenamos los pomelos. Adornamos cada pomelo con una ramita de hierbabuena, y lo colocamos sobre un fondo de lechuga cortada.

Carpaccio de alcachofas

INGREDIENTES POR COMENSAL

2 o 3 alcachofas bien tiernas – el zumo de 1 limón
ajo – perejil – aceite de oliva virgen

ELABORACIÓN

Se retiran las hojas exteriores de las alcachofas y se corta el tronco, dejando una parte del mismo de unos tres centímetros. Hay que tener en cuenta que es importante pelar siempre el tallo que dejemos, puesto que la piel amarga mucho.

A continuación, se corta la punta de la alcachofa (casi hasta la mitad, ya que la parte superior de las hojas es demasiado fibrosa) y, con un cuchillo bien afilado, procedemos a cortarlas en finas láminas. Una vez obtenidas las láminas, y si es necesario, recortaremos las puntas exteriores de las hojas, cuidando de que quede intacta la parte más tierna de las alcachofas. Seguidamente, se rocían bien con zumo de limón, para impedir que se pongan negras (usaremos la cáscara del limón para limpiarnos los dedos, que, de otro modo, quedarán negros). Se disponen las láminas en una fuente de servir plana, y se espolvorean con el ajo y el perejil. Por último, se aliñan con un chorrito de aceite de oliva virgen.

Si se quiere acabar de decorar el plato, podemos hacerlo, por ejemplo, con unas aceitunas negras y disponiendo alrededor mitades de rodajas muy finas de limón.

Carpaccio de setas

INGREDIENTES PARA 4 PERSONAS

100 g de champiñones
300 g de setas variadas de temporada – zumo de limón
aceite de oliva – sal gruesa

ELABORACIÓN

Lavar bien las setas, cuidando de que no queden restos de tierra. A continuación, las cortamos en lonchas muy finas y las disponemos en una fuente llana, de una forma bonita. Aderezamos con la sal, el zumo de limón y aceite de oliva.

Para finalizar la decoración, podemos añadir unas aceitunas negras por encima.

Ensalada de berros con champiñones

INGREDIENTES POR COMENSAL

un buen puñado de berros – 3 o 4 champiñones
el zumo de 1 limón – sal – pimienta
aceite de oliva

ELABORACIÓN

Lavar bien los berros. Según sea su tamaño, o nuestra preferencia, los podemos dejar enteros o bien cortarlos muy menuditos.

Se lavan cuidadosamente los champiñones, cuidando de que no queden restos de tierra, y se trocean en finas láminas, que rociaremos con zumo de limón a fin de que no se oscurezcan y queden lo más blancos posible.

Se colocan los berros junto con los champiñones y el zumo de limón en una ensaladera, y se aliña al gusto.

Es una ensalada muy simple, pero muy sabrosa.

Tomates rellenos

INGREDIENTES PARA 4 PERSONAS

4 tomates grandes – 1 rama de apio – 1 endibia
½ pepino – 1 pimiento rojo – perejil
aceitunas negras

ELABORACIÓN

En primer lugar, lavar todos los ingredientes. A continuación, cortaremos la parte superior de los tomates y la reservaremos. Se vacían los tomates y se reserva su contenido. Cogemos el resto de los ingredientes y los «sombreritos» de los tomates y los picamos finamente. Mezclamos todo bien con la pulpa que hemos sacado antes, y lo aderezamos al gusto. Rellenar los tomates con la mezcla obtenida, y adornar con una aceituna negra y una ramita de perejil.

Ensalada de pomelo

INGREDIENTES PARA 4 PERSONAS

1 pomelo – 3 tomates grandes, maduros
1 manzana – 2 troncos de apio
8 hojas de lechuga – 1 aguacate grande, bien maduro
aceite de oliva – hierbas aromáticas

ELABORACIÓN

Esta ensalada se puede preparar de manera convencional, es decir, cortando y mezclando todos los ingredientes en una ensaladera, o bien disponiendo los distintos elementos de forma decorativa en cada plato.

Otra opción es usar las mitades de los aguacates o pomelos, y rellenarlos con la farsa. En este caso, decoraríamos el resto del plato con tiritas muy finas de lechuga y rodajas de tomate, o con tomatitos de cereza.

Aliñar con aceite de oliva y hierbas aromáticas.

Ensalada de frutas ácidas con aguacate

INGREDIENTES PARA 4 PERSONAS

3 kiwis – 3 mandarinas – 1 manzana
2 troncos de apio – 8 hojas de lechuga
1 aguacate grande, bien maduro

ELABORACIÓN

Como en cualquier ensalada, lavar bien los ingredientes, pelando aquellos que así lo requieran, y cortándolos a trozos grandes o pequeños, según las preferencias de cada cual.

Aliñar al gusto.

Ensalada de fresones y frutas ácidas con aguacate

INGREDIENTES PARA 4 PERSONAS

2 kiwis – 2 mandarinas – 1 naranja
1 manzana – un puñado de fresones – 1 pomelo
2 troncos de apio – 6 u 8 hojas de lechuga
1 aguacate grande, bien maduro

Elaboración

Se pelan los kiwis, las mandarinas, la naranja y el pomelo. La manzana la podemos utilizar con la piel. Lavar bien los fresones, y quitarles el rabito. Descartaremos las hojas del apio (son muy amargas), utilizando sólo los troncos.

A continuación se cortan todos los ingredientes, excepto las mandarinas, que dejaremos con los gajos enteros.

Para vaciar el aguacate, lo partiremos por la mitad, en sentido longitudinal, y con la ayuda de una cuchara sopera extraeremos su carne.

Podemos comer esta ensalada tal cual, o bien utilizar alguno de los aliños que figuran en el apartado de aliños. En este caso, el más recomendable podría ser el de miel con zumo de limón, aunque, como siempre, dependerá de las preferencias personales. De todos modos, queda muy buena sin utilizar aderezo alguno.

Tombet

Ésta es una ensalada típica de Mallorca.

Ingredientes para 4 personas

1 pepino grande – 2 pimientos verdes
4 tomates grandes, maduros
aceite de oliva – sal

ELABORACIÓN

En una ensaladera se mezclan los ingredientes cortados a tacos, y se aliñan con aceite de oliva y sal.

Ensalada de espárragos trigueros

INGREDIENTES PARA 4 PERSONAS

2 manojos de espárragos – 2 troncos de apio, sin hojas
3 tomates grandes, maduros

ELABORACIÓN

Se cortan las puntas de los espárragos y la parte del tronco que es lo bastante tierna para comer cruda (teniendo en cuenta que se trata de un alimento bastante fibroso). Partimos los troncos del apio longitudinalmente y luego lo cortamos a trozos pequeños. Igualmente, cortamos los tomates a dados, y a continuación lo mezclamos todo en un cuenco para ensaladas.

Se puede aliñar con una vinagreta suave, u otra salsa, según se prefiera.

Ensalada de col lombarda

INGREDIENTES PARA 4 PERSONAS

1 trozo de col lombarda – 1 manzana
2 zanahorias grandes – 1 aguacate – perejil

ELABORACIÓN

Cortar todos los ingredientes a trozos pequeños, mezclarlos bien y colocarlos en una ensaladera.

Ensalada griega de tomate

INGREDIENTES PARA 4 PERSONAS

6 tomates grandes, bien maduros
perejil en abundancia – aceite de oliva – sal

ELABORACIÓN

Como se ve, se trata de una ensalada de lo más simple. Hay que cortar los tomates a trozos y espolvorearlos con abundante perejil fresco picado. Se aliña simplemente con aceite de oliva y sal.

Ensalada de escarola

INGREDIENTES PARA 3 PERSONAS

½ escarola – 1 puerro
1 manojo de rábanos – aceitunas negras

ELABORACIÓN

Limpiamos bien la escarola y la cortamos a trozos pequeños. Se cortan el puerro y los rábanos en rodajas finas, se añaden las aceitunas y aliñamos con aceite de oliva, una vinagreta, chimichurri o alguna otra salsa, consiguiendo así ir variando el sabor y la presentación de la ensalada.

También se pueden usar las hojas de los rábanos, que habrá que limpiar bien de tierra.

Ensalada de maíz y coco

INGREDIENTES PARA 4 PERSONAS

300 g de maíz fresco, crudo – 2 zanahorias
6 hojas de lechuga – 2 troncos de apio, sin hojas
½ coco

Elaboración

Rallar las zanahorias, cortar el apio y la lechuga a trozos, y el coco a trozos muy pequeños. Juntamos estos ingredientes con el maíz en una ensaladera, mezclamos bien, y ya está listo para servir.

II

SOPAS Y CREMAS

Gazpacho andaluz

INGREDIENTES A PARTES IGUALES

tomate – pepino – pimiento rojo – cebolla
aceite de oliva, zumo de limón o vinagre y sal al gusto

ELABORACIÓN

Ponemos todos los ingredientes en una batidora y trituraramos bien hasta obtener una crema fina. Dependiendo de la calidad de la batidora, habrá que colar la mezcla, o bien añadir algo de agua, a fin de conseguir la consistencia deseada (ni demasiado líquida, ni demasiado espesa). Una vez terminado, rectificaremos de sal.

A algunas personas les gusta añadir un diente de ajo, que se tritura junto con los demás ingredientes.

Para decorar se usa tomate, pepino, pimiento, cebolla e incluso un poco de apio, que cortaremos finamente y dispondremos en cuencos individuales, a fin de que cada comensal se sirva la cantidad deseada de cada ingrediente.

Gazpacho extremeño

INGREDIENTES PARA 4 PERSONAS

3 o 4 rajas de melón – 5 o 6 tomates maduros, pelados
1 pimiento verde – 1 cebolla
agua – sal – zumo de 1 limón

ELABORACIÓN

Se trocea el melón, el tomate, el pimiento y la cebolla, y luego se añade agua, sal y el zumo de limón. Queda la consistencia de una sopa.

Ajoblanco

INGREDIENTES PARA 3 PERSONAS

1 diente de ajo – 200 g de almendras crudas
1 chorrito de vinagre – 2 vasos de agua
aceite de oliva – sal
4 o 5 granos de uva por comensal

ELABORACIÓN

En un bol disponemos agua, aceite, sal, vinagre, el ajo y las almendras crudas. Se tritura bien hasta obtener una crema fina.

Finalmente, añadiremos los granos de uva, enteros, pelados y sin pepitas.

Crema de pepino

INGREDIENTES PARA 4 PERSONAS

2 pepinos grandes – 1 vaso de leche vegetal
(véase elaboración en el apartado correspondiente)
1 ramita de hierbabuena
1 chorrito de aceite de oliva – sal

ELABORACIÓN

Batir juntos todos los ingredientes.

Para decorar usaremos unas hojas de hierbabuena. En un bol aparte, se dispondrán unos taquitos de pepino a fin de que los comensales los puedan añadir, a su gusto, a la crema.

Una sugerencia: cuando nos encontremos un melón que «es como un pepino», podemos aprovecharlo haciendo con él esta crema.

Sopa fría

INGREDIENTES PARA 4 PERSONAS

1 pimiento rojo – 1 manzana
½ cebolla pequeña – 1 diente de ajo
5 tomates grandes, bien maduros
½ pepino – el zumo de 1 limón
aceite de oliva – pimienta – sal

ELABORACIÓN

Se trocean el pimiento, la manzana y el pepino, y se baten o licuan los tomates junto con la cebolla y el ajo. Se añade el zumo del limón y se aliña al gusto. Se mezcla todo bien y se deja enfriar en la nevera.

Los restos de pulpa de la licuadora se pueden reservar y aprovecharlos para la elaboración de alguna salsa o para añadir a algún estofado.

Sopa de verano

INGREDIENTES PARA 4 PERSONAS

8 zanahorias grandes – 4 tomates grandes, bien maduros
½ cebolla pequeña – 1 diente de ajo
2 troncos de apio, sin hojas – ½ aguacate
el zumo de 1 limón – pimienta – sal

ELABORACIÓN

Se licuan las zanahorias, los tomates, el ajo y la cebolla (si disponemos de una buena batidora, se puede batir bien, a fin de aprovechar al máximo todos los nutrientes y, sobre todo, la fibra), se añade el zumo de limón y se adereza al gusto. Se mezcla bien todo junto, se deja enfriar y se sirve en tazones individuales.

Aparte, en un bol o platito, dispondremos por separado el apio y el aguacate cortados en trozos pequeños, que cada comensal se servirá según prefiera.

La pulpa que haya quedado en la licuadora se puede reservar para utilizarla en salsas o guisos.

Sopa de zanahoria

INGREDIENTES PARA 4 PERSONAS

15 zanahorias grandes – 10 ramas de apio
1 taza de zanahoria rallada – 1 taza de remolacha rallada
1 taza de apio rallado – 1 taza de nabo rallado
1 taza de col rallada

ELABORACIÓN

Licuar (o triturar con una buena batidora) las zanahorias y las ramas de apio. Mezclar con el resto de los ingredientes rallados y, si se quiere, condimentar con sal, pimienta y un poco de aceite de oliva.

Se sirve bien fría.

La pulpa restante de la licuadora se puede reservar y aprovecharla para alguna salsa o guiso.

Sopa de aguacate

INGREDIENTES PARA 4 PERSONAS

2 aguacates grandes, maduros – 3 ramas de apio
4 tomates grandes, maduros – 2 naranjas
un puñado pequeño de hojas de albahaca fresca

ELABORACIÓN

Licuar o batir bien las naranjas con dos tomates. Se vierte el zumo en una sopera y se añaden el resto de los ingredientes finamente picados.

Se puede condimentar al gusto, recomendando, en este caso, espolvorear unas hojas de albahaca muy finamente picadas por encima de la sopa, a modo de decoración. Se sirve fría.

La pulpa que quede en la licuadora se puede reservar para la elaboración de otro plato.

Crema de tomate

INGREDIENTES POR COMENSAL

2 tomates maduros – 1 chorrito de zumo de limón
aceite de oliva – pimienta – sal

ELABORACIÓN

Batir todos los ingredientes juntos y disponerlos en bols individuales, que adornaremos con una rodaja fina de limón y un tomatito de cereza.

Se sirve fría.

III

PATÉS

Estos patés, al igual que los convencionales, se pueden usar para untar tostadas o bien con algunas verduras crudas.

Para ello se pueden emplear hojas de endibias, por ejemplo, dado que tienen una cierta consistencia, palitos de zanahoria, apio, pimiento rojo o verde y pepino (sin pelar).

De esta manera podemos preparar un menú original y divertido, disponiendo en una bandeja las diferentes verduras, cortadas como se ha indicado, para untar con los patés, y sirviendo distintas variedades de éstos en pequeños cuencos, a fin de que los comensales se sirvan según su apetencia.

Paté de aguacate y aceitunas negras

INGREDIENTES

1 aguacate grande, bien maduro
150 g de aceitunas negras, deshuesadas
pimienta – sal

ELABORACIÓN

Triturar muy finamente y mezclar todos los ingredientes, aliñando con sal y pimienta (se puede añadir, además, alguna especia o hierba aromática), y colocar el paté en un cuenco, a punto para ser utilizado.

Paté de ajo y aguacate

INGREDIENTES

1 aguacate grande, bien maduro
1 diente de ajo – sal marina

ELABORACIÓN

Majar bien el ajo y, con un tenedor (o usando la batidora), mezclarlo con el aguacate. Condimentamos la pasta obtenida con la sal.

Paté veraniego

INGREDIENTES

1 tomate bien maduro – 2 zanahorias grandes
1 pimiento rojo, más bien pequeño – 1 pepino no muy grande
1 diente de ajo – pimienta – sal

ELABORACIÓN

Ponemos todos los ingredientes en la batidora y los mezclamos bien hasta obtener una masa uniforme. Sazonamos con sal y pimienta. Una vez terminado, se echa en un cuenco para servir y se adorna con una hoja de perejil fresco.

Paté de anacardos

INGREDIENTES

250 g de anacardos crudos – 1 tomate grande, bien maduro
100 g de aceitunas negras, deshuesadas – pimienta – sal

ELABORACIÓN

Colocar todos los ingredientes en la trituradora y batimos bien hasta conseguir una masa fina y homogénea. Sazonamos con sal y pimienta.

Se sirve en un cuenco y se decora con un par de anacardos crudos encima.

IV

SALSAS Y ALIÑOS

Salsa de aguacate

INGREDIENTES

1 aguacate grande, bien maduro
2 o 3 tomates grandes, maduros
pimienta – sal

ELABORACIÓN

Se disponen todos los ingredientes en el vaso de la batidora, se trituran bien y se añade sal y pimienta al gusto. Si queremos obtener un sabor un poco más intenso, podemos agregar, por ejemplo, el zumo de un limón.

Esta salsa va muy bien con ensaladas, e incluso con platos de pasta.

Salsa al pesto

INGREDIENTES

1 rama de albahaca fresca – 4 dientes de ajo, pelados
3 cucharadas de piñones – 150 ml de aceite de oliva
1 cucharada de zumo de limón – pimienta – sal

ELABORACIÓN

Colocar todos los ingredientes en el vaso de la batidora y batir hasta que quede una masa suave pero consistente. Se puede guardar bien tapado en la nevera durante una semana.

Salsa de tomate cruda

INGREDIENTES

4 tomates bien maduros – aceite de oliva virgen
un poquito de zumo de limón – sal

ELABORACIÓN

Se pueden batir todos los ingredientes juntos o, si lo queremos hacer de manera más artesana, rallaremos primero los tomates y los mezclaremos, a mano, con el resto de los ingredientes.

Salsa verde

INGREDIENTES

perejil (abundante) – ½ diente de ajo
aceite – sal

ELABORACIÓN

Batir bien todos los ingredientes juntos, y ya está lista para servir.

Esta salsa resulta muy sabrosa para acompañar con verduras a la plancha o a la brasa, aunque también se puede usar en ensaladas y platos de pasta.

Salsa vinagreta

INGREDIENTES

1 vasito de vinagre de manzana
1 vasito de aceite de oliva virgen – 1 pizca de sal marina

ELABORACIÓN

Batir todos los ingredientes juntos. Evitaremos hacerlo a mano, puesto que de este modo la salsa no liga bien. De todas maneras es una cuestión de gustos; mucha gente prefiere que la salsa quede un poco desligada.

Muy idónea para ensaladas y platos a base de crudités.

Allioli

INGREDIENTES

ajos, al gusto
aceite de oliva
sal

ELABORACIÓN

Pelar los ajos y majarlos bien en el mortero, poniendo un poquito de sal para evitar que salten. Se deben triturar a conciencia, hasta que obtengamos una masa de consistencia muy fina, como si fuera una pomada. A continuación, empezaremos a tirar, poco a poco, el aceite de oliva moviendo siempre la mano de mortero en la misma dirección, sin parar. Cuando tengamos la salsa ligada y hayamos obtenido suficiente cantidad, estará lista para utilizar.

Hay que tener en cuenta que esta salsa es muy delicada, y se corta en seguida. La consistencia es parecida a la de cualquier mahonesa, pero mucho más fuerte de sabor.

Para servir, utilizaremos una cuchara de madera (las de metal cortan la salsa), y tendremos cuidado de no exponerla al sol, para evitar que se corte.

Chimichurri

Salsa tradicional argentina, para acompañar los asados; también resulta ideal para acompañar verduras a la brasa o a la plancha.

INGREDIENTES

ajo – perejil – 6 cucharadas soperas de aceite
4 cucharadas soperas de vinagre
ají (es como un bicho, muy picante)
sal – 10 cucharadas soperas de agua tibia

ELABORACIÓN

Batir bien todos los ingredientes, excepto el agua, que añadiremos al final. En algunas regiones, en vez de batirlo todo, lo pican, con lo cual quedan pequeños trocitos de los ingredientes en el fondo de la salsa

Guacamole

INGREDIENTES

1 aguacate grande, maduro – 3 tomates grandes, maduros
½ cebolla – sal

ELABORACIÓN

Juntar todos los ingredientes en un recipiente y batirlos bien, hasta formar una masa fina.

Esta receta también se puede hacer picando todos los ingredientes muy finamente en vez de batirlos.

Mojo picón

Se trata de la típica salsa canaria, que se suele usar con las papas arrugadas y de la que existen numerosas variedades.

INGREDIENTES

4 dientes de ajo
1 cucharada sopera de pimentón dulce
2 guindillas – 1 pizca de cominos
1 vasito de agua – ½ vasito de aceite
½ vasito de vinagre – pimienta – sal

ELABORACIÓN

Disponer todos los ingredientes en el vaso de la batidora y triturarlos bien.

Se puede servir en una salsera o en un bol.

V

POSTRES

Sorbete de limón

INGREDIENTES PARA 4 PERSONAS

2 limones bien pelados
(que no quede apenas nada de la piel blanca del interior)
1 vasito de azúcar integral
3 bandejas de cubitos de hielo

ELABORACIÓN

Triturar los limones junto con el azúcar. Cuando hayamos obtenido una crema bien fina, añadiremos los cubitos previamente triturados y lo batiremos todo junto, hasta que se forme espuma.

Lo podemos servir en copas individuales, que podemos decorar con una guinda o una hoja de hierbabuena.

Crema de plátanos e higos secos

INGREDIENTES PARA 4 PERSONAS

250 g de higos secos
4 plátanos bien maduros

ELABORACIÓN

Unas 2 o 3 horas antes de elaborar el postre, pondremos los higos a remojo, con el agua justo cubriéndolos.

Pasado este tiempo, añadiremos los plátanos y batiremos concienzudamente los ingredientes hasta obtener una crema bien fina. Se debe tener en cuenta que las pepitas de los higos son difíciles de triturar bien, por lo que insistiremos hasta conseguir la textura deseada.

A continuación, dispondremos la crema en bols individuales. Se pueden decorar con unas rodajitas de plátano y espolvoreados de canela.

Macedonia de frutas

INGREDIENTES PARA 4 PERSONAS

1 manzana – 150 g de fresones – 2 kiwis
½ piña tropical – 4 naranjas

Elaboración

Lavar bien todos los ingredientes. Se pelan los kiwis y la piña, y procedemos a cortar las frutas en trozos pequeños. Lo ponemos todo en un cuenco grande y finalmente lo regamos con el zumo de las naranjas.

Ensalada de frutas dulces

Ingredientes para 4 personas

2 plátanos – 2 peras – 1 manzana – 2 caquis
1 melocotón grande – 1 puñado de pasas de Corinto
zumo de uvas

Elaboración

Se lavan y se cortan todas las frutas, previamente peladas. Mezclamos en un cuenco todos los ingredientes y regamos con el zumo de uvas.

Helado de melocotón

Ingredientes para 4 personas

4 melocotones grandes, bien maduros
1 plátano bien maduro – 10 higos secos
el zumo de 1 limón – 1 tacita de agua

Elaboración

En primer lugar, ponemos a remojo los higos en el agua, unas dos horas antes de elaborar el postre. Pasado dicho tiempo, ponemos los higos y el agua en un cuenco para batir, agregando los plátanos y melocotones, previamente lavados, pelados y cortados a trozos. Incorporamos el zumo del limón, y procedemos a batirlo hasta obtener una crema muy fina.

Este postre se puede comer tal cual, como unas natillas, o bien poner en el congelador, a fin de conseguir el helado. En este último caso se puede disponer en bols individuales o bien en un molde rectangular, y luego, una vez congelado, podemos cortar el helado, y colocarlo en platos individuales, que adornaremos con una rodajita de plátano y un trozo fino de melocotón. Para decorar podemos emplear unas hojas de hierbabuena o espolvorear con canela. Como siempre, hay que utilizar la imaginación e ir variando los elementos en la decoración de cada plato.

Pastel de almendras y fresones

Ingredientes

400 g de almendras crudas, finamente molidas
300 g de fresones – ½ manzana
1 vasito de agua

Elaboración

En primer lugar, se mezclan las almendras molidas con un poco de agua, hasta obtener una masa consistente, con la que forraremos un molde para tarta.

A continuación, se tritura la manzana con 100 g de fresones, y se echa esta mezcla en el molde distribuyéndola bien.

Se parten los fresones restantes por la mitad y se van colocando, de forma artística, encima de la crema.

Ya está lista para servir.

Sugerencia: si se desea, se pueden usar tartaletas individuales en vez del molde grande.

Crema de frutas desecadas

Ingredientes

100 g de dátiles – 100 g de ciruelas pasas
100 g de pasas – 100 g de higos secos
100 g de orejones de melocotón
el zumo de 1 limón – 1 taza de agua

Elaboración

Poner todas las frutas a remojar con el agua de 2 a 3 horas; añadir luego el zumo de limón y triturar bien hasta conseguir una crema muy suave.

Se puede disponer la crema en bols individuales y adornarlos con media rodajita de limón cortada muy fina.

Batido de aguacate

INGREDIENTES

1 aguacate grande, bien maduro
el zumo de 4 naranjas – licuado de 2 melocotones

ELABORACIÓN

Batir juntos todos los ingredientes. Una vez bien batido, se dispone en vasos grandes, que adornaremos colocando una rodaja de naranja insertada en el borde de cada uno de ellos. También se pueden añadir una caña y una sombrillita de papel, u otros elementos similares que existen en el mercado, para completar la decoración.

Natillas de caquis

INGREDIENTES

3 caquis bien maduros – 1 pera – 2 plátanos
el zumo de ½ limón
un puñado de pasas de Corinto

ELABORACIÓN

Batir los caquis con la pera, los plátanos y el zumo de limón. Mezclarlo con las pasas, y disponerlo en bols individuales. Se puede dejar enfriar en la nevera o bien servir a temperatura ambiente.

Dátiles rellenos

INGREDIENTES

5 o 6 dátiles por comensal
brandy – nueces

ELABORACIÓN

Primero extraemos el hueso de los dátiles, efectuando un corte longitudinal en los mismos, cuidando de que no se rompan.

A continuación, se ponen a remojo con el brandy unas doce horas. Pasado este tiempo, se escurren y rellenamos cada dátil con media nuez.

Ciruelas con salsa de naranjas

INGREDIENTES

250 g de ciruelas pasas deshuesadas
2 naranjas – 1 limón
4 manzanas – 8 dátiles

ELABORACIÓN

Lavar bien todos los ingredientes. Se pelan y se cortan las manzanas, y luego añadiremos el zumo de las naranjas y el limón, y los dátiles previamente deshuesados. Batir bien la mezcla, hasta que quede muy suave.

Disponemos la crema en copas de cava y adornamos con las ciruelas pasas y unas tiritas muy finas de corteza de naranja y de limón.

Flan de manzana

Como en la mayor parte de las recetas, podemos ir cambiando el ingrediente principal, variando así el postre.

INGREDIENTES

6 cucharaditas de postre de agar-agar
2 cucharaditas de postre de azúcar integral
2 manzanas – 2 vasos de agua

Elaboración

Se ponen todos los ingredientes juntos en el vaso de la batidora y trituramos bien hasta obtener una mezcla fina y homogénea. Distribuir en copas o bols para postres y dejamos enfriar en la nevera hasta que espese.

VI

BEBIDAS

Horchata de chufa

INGREDIENTES PARA 4 PERSONAS

1 taza de chufas previamente remojadas
5 tazas de agua
3 cucharadas soperas de azúcar integral (opcional)

ELABORACIÓN

Batir bien las chufas con el agua y luego colar. A continuación, se añade el azúcar al gusto, según el punto de dulzor que se desee conseguir.

Se sirve bien fría.

Leche vegetal

La elaboración es la misma que para la horchata de chufa, es decir, una parte de ingrediente sólido (avellanas, almendras o nueces) por cinco de agua.

Para endulzarla de forma natural, sin tener que recurrir al azúcar, se pueden usar un puñado de dátiles, higos secos, u otra fruta pasa que tengamos a mano.

Licuado de frutas

Para preparar un zumo, se puede emplear cualquier tipo de fruta. Es importante tener en cuenta que, tal como ya se ha dicho en la introducción del presente libro, las frutas y verduras pierden muchos nutrientes al ser licuadas, ralladas o cortadas.

Por ello, y siempre que sea posible, tomaremos los zumos recién exprimidos o licuados.

También se puede aprovechar la pulpa para preparar salsas o mermeladas.

Los zumos y licuados son, igualmente, una manera de aprovechar aquellas frutas que no hayan salido demasiado sabrosas, es decir, que sean sosas. En este caso, las mezclaremos con frutas de sabor más intenso, usando recursos como el zumo de limón o frutas pasas para realzar o dar un sabor determinado al zumo en cuestión.

Batido tropical

INGREDIENTES PARA 4 PERSONAS

1 mango – 1 papaya
1 melocotón

ELABORACIÓN

Batir bien todos los ingredientes (siempre es mejor que licuar, puesto que así se conserva la fibra). Pero si optamos por licuar, obtendremos un zumo más líquido. No obstante, en el primer caso, podemos rebajarlo con un poco de agua o zumo.

Se vierte en copas altas, de boca ancha, y se decora con ralladura de coco y una pajita.

Batido de frutas ácidas

INGREDIENTES PARA 4 PERSONAS

2 naranjas – 4 mandarinas
150 g de fresones – ½ piña tropical
el zumo de ½ limón

ELABORACIÓN

Batir bien todos los ingredientes, hasta que quede suave y espumoso.

Para decorar el batido, lo pondremos en algún vaso o copa atractivos, depositaremos en su superficie una fina lámina de fresón y una rodaja de naranja o limón hincada en el borde del vaso.

Ponche de frutas

INGREDIENTES PARA 4 PERSONAS

2 manzanas – 1 naranja
4 dátiles naturales – ½ limón
canela – 1 clavo de olor
para la decoración: canela en polvo y 1 kiwi

ELABORACIÓN

Se colocan todos los ingredientes en un vaso para la batidora y se tritura, hasta que quede bien suave. Se vierte la mezcla obtenida en vasos adecuados, y se decora espolvoreando un poco de canela y con una rodaja de kiwi.

Batido de melón

INGREDIENTES PARA 4 PERSONAS

½ melón bien maduro – 1 trozo grande de sandía
2 manzanas – para la decoración: unas fresas y uvas pasas

ELABORACIÓN

Batir el melón, la sandía y las manzanas. A continuación, lo disponemos en vasos grandes, anchos y bajos, adornándolos con unas rodajas de fresas y espolvoreándolos con unas cuantas pasas.

San Francisco

INGREDIENTES PARA 4 PERSONAS

1 manzana – 1 naranja – 1 limón
1 melocotón – 1 ración de piña tropical natural
100 g de fresones

ELABORACIÓN

Licuar todos los ingredientes y servir bien frío, en vaso alto o en una copa atractiva. Si se desea, se puede servir con unos cubitos de hielo.

Ponche dulce

INGREDIENTES PARA 4 PERSONAS

2 plátanos – 2 manzanas – 2 peras
1 racimo grande de uvas – 1 melocotón

Elaboración

Licuar las uvas y mezclar el zumo obtenido con las otras frutas. A continuación, se bate todo junto hasta que el ponche quede bien suave.

Granizado de limón

Ingredientes para 4 personas

3 limones
4 cucharadas de azúcar integral
hielo picado – 1 vaso de agua

Elaboración

Exprimir los limones, añadir el agua y el azúcar integral, y mezclar bien. A continuación, agregamos el hielo picado, hasta obtener el punto de espesor que más nos guste.

Batido de fresas

Ingredientes para 4 personas

500 g de fresones – 2 manzanas
1 limón

Elaboración

Licuar los fresones y el limón, y batir junto con las manzanas (sin piel).

Servir bien frío, en copas individuales, que adornaremos con unas rodajas de fresón.

COCINA VEGANA

I

ENSALADAS

Aguacates rellenos

INGREDIENTES PARA 4 PERSONAS

2 aguacates grandes, maduros – 1 tomate grande, maduro
1 taza de maíz cocido – ½ pimiento rojo
1 tronco de apio – aceite – sal

ELABORACIÓN

Se parten los aguacates longitudinalmente y se extraen el hueso y la pulpa con la ayuda de una cuchara, cuidando de que no se rompan las cáscaras. Cortamos a dados el aguacate, el tomate, el pimiento y el apio, añadimos el maíz y mezclamos todo bien. Aderezamos con aceite y sal, o bien con alguno de los aliños que aparecen en este libro. Rellenamos las cáscaras de aguacate con la mezcla obtenida, adornando cada mitad con un tomate de cereza y una aceituna negra.

Se coloca cada medio aguacate en un plato, y se adorna con unas hojas de endibia, unas rodajas de tomate y un poco de zanahoria rallada.

Fantasía de zanahoria y maíz

Ingredientes para 4 personas

4 mazorcas de maíz tierno
(o el equivalente en maíz cocido al vapor)
4 zanahorias grandes – 1 remolacha grande
5 hojas de col blanca – 1 nabo grande
1 trozo grande de brécol – 5 hojas de lechuga

Elaboración

Desgranar las mazorcas, rallar las zanahorias, la remolacha y el nabo, y cortar muy finamente el brécol y las hojas de col y de lechuga. A continuación, se mezcla todo junto en una ensaladera, aliñando al gusto, y ya está a punto de servir.

Ensalada tibia de aguacate y judías verdes

INGREDIENTES PARA 4 PERSONAS

500 g de judías verdes
1 aguacate – 1 ramita de perejil

ELABORACIÓN

Lavar y cortar las judías verdes, que procederemos a cocer ligeramente al vapor a fin de que no pierdan ni su color, ni su textura (algo crujiente). Una vez cocidas, las escurrimos bien (reservamos el caldo para algún otro plato) y las ponemos en una ensaladera. A continuación, procedemos a partir longitudinalmente el aguacate, extrayendo su pulpa con una cuchara y mezclando suavemente ambos ingredientes, a fin de que el aguacate no se deshaga excesivamente. Por último, espolvoreamos con el perejil finamente troceado.

Esta ensalada se sirve cuando las judías están todavía calientes.

Se puede aliñar con aceite, vinagre y sal, o bien utilizar alguno de los aliños, como la vinagreta, la salsa verde o la tártara, o alguna de las salsas a base de aguacate o de mostaza. De todos modos, puede tomarse sin aliño alguno, puesto que la textura cremosa del aguacate y el sabor ligeramente salado del perejil dan el «toque» necesario para que quede suficientemente sabrosa, sin necesidad de más ingredientes.

Ensalada china

INGREDIENTES PARA 4 PERSONAS

1 calabacín – 1 pepino – 1 tomate
1 zanahoria – 1 puñado de setas desecadas
1 puñado de brotes de soja – 2 hojas de col blanca

ELABORACIÓN

Lavamos bien todos los ingredientes. Sin pelar, se corta el calabacín a rodajas y la col en tiras finas, y escaldamos ambos ingredientes, junto con las setas, que habremos dejado a remojo previamente durante un par de horas. Los escurrimos (cuidando de reservar el caldo para utilizar en la elaboración de otras recetas) y los ponemos en una ensaladera. A continuación, añadiremos los brotes de soja, el pepino y el tomate cortados a dados, y la zanahoria rallada.

Se mezclan bien todos los ingredientes, y se puede aliñar de forma convencional, o con salsa de soja o agridulce.

Ensalada de tomates y alcachofas

INGREDIENTES PARA 4 PERSONAS

4 tomates grandes, maduros
4 alcachofas grandes y bien frescas
1 manojo de berros – el zumo de 1 limón

ELABORACIÓN

Limpiamos las alcachofas de las hojas exteriores, cortando bien las puntas y reservando una parte de unos 3 centímetros de su tallo, que pelaremos cuidadosamente a fin de que no amargue. A continuación, partiremos las alcachofas en cuatro trozos, longitudinalmente, y las empaparemos en zumo de limón, a fin de que no oscurezcan (utilizaremos el resto de las cáscaras de limón para limpiarnos los dedos, puesto que de otro modo quedan negros). Después se cuecen al vapor durante no más de ocho minutos, las escurrimos y reservamos.

En una ensaladera colocamos los tomates cortados a dados y los berros, y después añadimos las alcachofas. Lo mezclamos con suavidad, y ya tenemos la ensalada a punto de servir.

Esta ensalada queda muy rica así, sin aliñar, o simplemente con un chorrito de aceite de oliva virgen. Aunque también se pueden usar muchas de las salsas o aliños que se proponen en este libro.

Ensalada de berenjenas

INGREDIENTES PARA 4 PERSONAS

2 berenjenas grandes – ½ cebolla pequeña
1 diente de ajo – 4 tomates grandes, maduros
6 hojas de lechuga – el zumo de 1 limón
1 ramita de perejil

Elaboración

En un cazo, cocemos al vapor las berenjenas cortadas a dados y la cebolla cortada en aros. Lo dejamos escurrir bien, y lo metemos en una ensaladera, que previamente habremos forrado con las hojas de lechuga. A continuación, añadimos los tomates cortados a dados y lo aliñamos con el zumo de limón, agregando el ajo y el perejil muy finamente picados.

Ensalada de pimientos y tomates

Ingredientes para 4 personas

4 tomates grandes, maduros – 2 pimientos rojos
2 pimientos verdes – 1 cebolla grande
1 diente de ajo – aceite de oliva
pimienta – una pizca de sal

Elaboración

Se cortan los pimientos a tiras y la cebolla a rodajas, y los ponemos a cocer al vapor o al horno. Una vez cocidos, los dejamos enfriar, y los colocamos en una fuente para ensalada. A continuación, se añaden los tomates cortados a dados, se mezcla cuidadosamente, y se aliña con el aceite, la sal y la pimienta, agregando por último el ajo muy finamente picado.

Ensalada de tomates con verduras estofadas

Para este plato podemos aprovechar un resto de verduras estofadas, de pisto, chanfaina, escalivada o menestra. Lo único que tendremos que hacer es añadir los tomates (crudos) necesarios hasta obtener el volumen de ensalada que necesitemos, mezclarlo todo bien, agregar unas aceitunas negras y aliñar al gusto.

Caponata

Éste es un plato típico siciliano, muy fácil de preparar, y, como se verá, muy sabroso.

INGREDIENTES PARA 4 PERSONAS

1 berenjena grande – 3 tomates grandes, maduros
2 tallos de apio, sin hojas
1 cucharada sopera de alcaparras
1 cebolla pequeña – un puñado de aceitunas
hojas de lechuga – aceite de oliva
un chorrito de vinagre

ELABORACIÓN

Aunque en la receta original la mayor parte de los ingredientes son fritos, en ésta la hemos adaptado a una cocina más saludable. Así, en un cazo, procederemos a cocer al vapor los siguientes ingredientes, que habremos cortado a dados: la berenjena, el apio, uno de los tomates y la cebolla. Una vez frío, lo mezclaremos con las aceitunas, las alcaparras y los tomates restantes, y dispondremos la mezcla en una fuente para ensalada, que habremos forrado previamente con las hojas de lechuga.

Tradicionalmente, se aliña con aceite y vinagre.

Ensalada de brécol

INGREDIENTES PARA 4 PERSONAS

1 brécol – 1 cebolla pequeñita
1 pimiento rojo – 150 g de aceitunas negras

ELABORACIÓN

Separar las ramas del brécol y cocerlas al vapor, cuidando de que no quede demasiado cocido a fin de que no pierda color ni consistencia (debe conservar una cierta textura crujiente, siempre muy interesante a la hora de confeccionar ensaladas).

A continuación, troceamos muy finamente la cebolla y cortamos el pimiento rojo a tiras.

Se mezclan todos los ingredientes en un cuenco grande, se aliña al gusto, y ya está a punto para servir.

Ensalada griega con tofu

En esta ensalada típica griega se ha procedido a sustituir el clásico queso por tofu (queso de soja), de manera que queda perfectamente adaptada para quienes prefieran una dieta vegana.

INGREDIENTES PARA 4 PERSONAS

300 g de tofu (puede ser normal, o con finas hierbas)
4 tomates grandes y maduros
aceitunas negras – albahaca fresca
aceite de oliva – sal

ELABORACIÓN

Cortar a tacos los tomates y el tofu, añadir las aceitunas, y aliñar con el aceite de oliva y unas hojas de albahaca fresca finamente picadas. Si se prefiere, se puede sustituir la albahaca por perejil, que resulta algo más suave de sabor.

Ensalada de escarola y tofu

INGREDIENTES PARA 4 PERSONAS

8 hojas de escarola – 300 g de tofu ahumado
3 endibias – 2 hojas de col blanca – 2 puerros
un puñado de brotes de alfalfa – un puñado de berros

ELABORACIÓN

Cortar a trozos finos la escarola, los berros, las endibias y la col, y los puerros a rodajas, que escaldaremos levemente. Vamos echando todos los ingredientes en un bol, y por último, añadimos los brotes y el tofu cortado a dados.

Aliñar al gusto.

Ensalada de raíces

INGREDIENTES PARA 4 PERSONAS

4 zanahorias grandes – 1 remolacha grande
1 nabo – 1 chirivía – 2 patatas grandes

ELABORACIÓN

Se cuecen las patatas al vapor, se dejan enfriar, se pelan y se cortan a rodajas. A continuación, las dispondremos a todo alrededor de una fuente llana y en el centro colocaremos el resto de ingredientes, que habremos rallado previamente.

Se puede aliñar con una vinagreta o con una mahonesa vegetal suave.

Ensalada de coliflor y setas

INGREDIENTES PARA 4 PERSONAS

½ coliflor – 2 zanahorias
200 g de setas – 1 aguacate grande
un puñado de pasas de Corinto

ELABORACIÓN

Cortamos la coliflor a trozos pequeños y la cocemos muy levemente al vapor. Una vez fría, la ponemos en una ensaladera y añadimos las zanahorias ralladas, las setas cortadas a láminas (los champiñones suelen ser una buena opción), el aguacate a trozos y las pasas. Mezclamos todo con suavidad y ya está a punto para servir.

Se puede aliñar con una salsa suave de almendras, una salsa de mostaza o simplemente con aceite de oliva.

II

SOPAS Y CREMAS

Crema de calabacín

INGREDIENTES PARA 6 PERSONAS

2 calabacines medianos – 1 manzana
1 patata pequeña – 1 cebolla pequeña
agua o caldo de verduras – sal

ELABORACIÓN

Se pelan y se cortan todos los ingredientes y se ponen en una olla con agua o caldo de verduras que los cubra. Cocemos a fuego medio durante veinte minutos y luego se tritura. Si se desea, se puede añadir algo de leche vegetal, hasta lograr la textura y espesor deseados.

Se puede servir adornado con unos piñones tostados. Esta crema se puede tomar fría o caliente.

Crema de calabaza

INGREDIENTES PARA 4 PERSONAS

un trozo grande de calabaza – 2 cebollas medianas
agua o caldo de verduras (hasta que cubra)
pimienta (opcional y, en todo caso, a usar con mesura) – sal

ELABORACIÓN

Pelar y cortar la calabaza y las cebollas. Las colocamos en una olla y cubrimos de agua (pondremos más o menos agua, según la consistencia que deseemos). Se cuece a fuego medio durante unos veinte minutos. Una vez cocida, triturar hasta obtener una crema suave.

Crema de puerros (Vichysoisse)

Se hace igual que la crema de calabacín, pero sustituyendo los calabacines por 4 o 6 puerros.

Crema de zanahoria

Se hace igual que las cremas de calabacín y de puerros, empleando en su lugar 3 zanahorias grandes.

Sopa juliana de verduras

INGREDIENTES PARA 6 PERSONAS

1 cebolla grande – 3 troncos de apio
3 zanahorias grandes – 1 hoja de col blanca
pimentón dulce (opcional) – sal
sugerencia: podemos utilizar cualquier verdura, incluso las hojas más verdes de la lechuga que se suelen descartar para ensaladas

ELABORACIÓN

Lavamos y cortamos a trozos muy pequeños todas las verduras. Se pone en una olla y se cubre con agua o caldo de verduras (en la cantidad deseada, según nos guste la sopa más o menos espesa).

Cocer a fuego medio durante 30 minutos. Se sirve caliente.

Se puede aderezar con sal y pimienta.

Durante la cocción, podemos añadir una hoja de laurel y, en otra ocasión, un clavo de especia o hierbas provenzales, a fin de ir dándole, cada vez, un toque original, ligeramente diferente siempre.

Sopa de castañas

Esta sopa pertenece a la cocina gallega.

INGREDIENTES PARA 6 PERSONAS

1 ½ kg de castañas
2 l de caldo de verduras o agua – 2 cebollas
1 diente de ajo – 3 cucharadas soperas de aceite de oliva
1 cucharada de postre de vinagre de sidra – sal

ELABORACIÓN

Pelar las castañas y escaldarlas a fin de poder retirar mejor la piel.

En una olla aparte, ponemos el aceite y hacemos un sofrito con las cebollas y el ajo, finamente picados, hasta que esté todo doradito. A continuación, agregaremos el caldo, junto con las castañas y el vinagre. Sazonamos y dejamos cocer a fuego lento durante una hora, removiendo de vez en cuando.

Sopa de cebolla

INGREDIENTES PARA 6 PERSONAS

4 cebollas grandes – 1 copita de brandy
1 cucharadita de pimentón dulce – agua o caldo de verduras
pimienta – sal

ELABORACIÓN

Pelar y cortar las cebollas en aros finos. Se ponen en una olla y se cubren con el agua o el caldo, siempre poniendo la cantidad adecuada a fin de que la sopa adquiera la consistencia que nos guste. Añadimos el pimentón, la sal y la pimienta, y cocemos a fuego medio durante cuarenta y cinco minutos. A mitad de la cocción, incorporamos la copita de brandy.

Si esta receta estuviese en el apartado de cocina ovo-lácteo-vegetariana la gratinaríamos con queso. Sin embargo, si se quiere gratinar y no deseamos recurrir al queso, podemos hacerlo tal cual o espolvoreando un poco de pan rallado en la superficie.

Sopa de pepinos

INGREDIENTES PARA 3 PERSONAS

½ litro de caldo vegetal o de agua – 1 pepino
1 cebolla – 2 dientes de ajo
1 cucharada de harina de trigo integral
1 vasito de aceite de oliva – 1 yogur de soja natural
1 cucharada sopera de perejil seco – pimienta – sal

Elaboración

En un cazo echaremos el caldo, el pepino (del cual reservaremos unas cuantas rodajas finas para adornar), la cebolla y el ajo. Dejamos hervir todo junto durante diez minutos y añadimos la harina. Lo trituramos todo bien y, a continuación incorporamos el aceite y el yogur y espolvoreamos con el perejil, la sal y la pimienta. Sin dejar que hierva de nuevo, calentamos un poco más la sopa, removiéndola para impedir que haga grumos.

Se vierte en una sopera, y se adorna colocando por encima las rodajas de pepino (sin pelar) que habíamos guardado.

Sopa de legumbres y verduras

Ingredientes para 4 personas

1 l de caldo vegetal o de agua
1 taza de garbanzos cocidos
2 pencas de apio – 2 zanahorias grandes
2 cebollas grandes – 150 g de champiñones
3 o 4 hojas de lechuga – 1 hoja de laurel
aceite de oliva – sal

ELABORACIÓN

En una olla vertemos el agua o el caldo (podemos aprovechar el caldo sobrante de la cocción de verduras), y añadimos las verduras cortadas a trozos. De la lechuga podemos aprovechar las hojas más externas, las que solemos desechar para la ensalada pero que, como verdura cocida, está muy rica. Agregamos el laurel, y dejamos cocer todo junto aproximadamente veinte minutos. A continuación, incorporamos los garbanzos (también podemos utilizar algún resto de cualquier otra legumbre que nos haya sobrado de una comida anterior) y aliñamos con el aceite y la sal. Calentamos un poco más, procurando que no llegue a hervir. Y ya está lista para servir.

Sopa de verduras invernales

INGREDIENTES PARA 4 PERSONAS

1 l de agua – 2 hojas de col blanca
2 cebollas grandes – 2 dientes de ajo
2 pencas de cardos – 2 pencas de apio
2 zanahorias grandes – 1 patata mediana
un puñado de espinacas o acelgas
1 copita de jerez – aceite – sal

Elaboración

Poner el agua en una olla. Añadimos la col y las espinacas cortadas a tiras finas, las cebollas, las zanahorias y las patatas a tacos, el ajo a trozos muy pequeños y los cardos y el apio a trozos regulares.

Se cuece todo junto durante veinte minutos. A continuación, añadimos el jerez y cocemos cinco minutos más. Finalmente, lo aliñamos al gusto, con la sal y el aceite.

Sopa de tomillo

Ingredientes para 4 personas

1 l de agua – 4 cucharadas soperas de tomillo
2 dientes de ajo – 4 rebanadas de pan integral tostado
aceite de oliva – pimienta – sal

Elaboración

En una olla llevamos a ebullición el agua, se echa el tomillo, y se deja cocer cinco minutos. Retirar y colar.

En una olla aparte, sofreímos muy suavemente los ajos, condimentamos con sal y pimienta, añadimos el caldo de tomillo y cocemos todo junto unos cinco minutos más.

En el fondo de los platos o tazones donde vayamos a servir la sopa, colocamos las rebanadas de pan tostado y echamos el caldo por encima.

Sopa de pan

Para elaborar esta sopa utilizaremos aquellos restos de pan que van quedando y que normalmente acaban tirándose. A pesar de ser una receta tan simple, y elaborada a base de pan seco, es muy apetitosa.

INGREDIENTES PARA 4 PERSONAS

1 l de agua o de caldo de verduras
150 g de pan seco (aproximadamente)
1 cucharadita de pimentón dulce – 1 hoja de laurel
4 dientes de ajo – pimienta
aceite de oliva– sal

ELABORACIÓN

En la olla donde vayamos a preparar la sopa echamos un chorrito de aceite y procedemos a dorar los ajos, que habremos picado muy finamente. A continuación, añadiremos el pimentón, la sal, la pimienta y el laurel. Removemos bien, y cocemos durante un par de minutos. Añadimos el agua y el pan y dejamos que hierva a fuego medio durante treinta minutos, al término de los cuales batiremos la sopa a mano, usando una varilla.

Se trata de una sopa muy rústica y sencilla, que queda muy bien si se presenta a la mesa directamente en una olla de barro o bien en cazuelitas de barro individuales.

Crema de tomates

INGREDIENTES PARA 4 PERSONAS

3 vasos de agua o caldo vegetal
3 tomates grandes, bien maduros
1 cebolla – 2 dientes de ajo – 1 hoja de laurel
1 cucharada de postre de azúcar integral
1 vaso de leche vegetal – aceite de oliva
pimienta – sal
para decorar: 1 tomate maduro, pero firme,
y 3 rebanadas de pan

ELABORACIÓN

Para esta receta podemos aprovechar aquellos tomates que han madurado demasiado como para ser usados en ensalada.

En una olla o cazuela de barro, sofreír suavemente la cebolla y el ajo con la hoja de laurel. Cuando esté el sofrito bien dorado, añadimos los tomates, el agua y el azúcar, y aderezamos con sal y pimienta, según el gusto. Cocemos todo junto durante veinte minutos. Retiramos del fuego, sacamos el laurel, agregamos el vaso de leche vegetal y trituramos bien, hasta conseguir una crema muy fina.

Para acompañar la sopa, podemos disponer en unas cazuelitas de barro unos tacos de tomate crudo y unos dados de pan frito.

Crema de berenjenas

INGREDIENTES PARA 4 PERSONAS

1 l de agua o de caldo vegetal – 2 berenjenas
2 puerros – 1 manzana – pimienta – sal
para la decoración: varias rodajas de berenjena a la plancha

ELABORACIÓN

Se pelan y se cortan a dados las berenjenas, los puerros y la manzana, y se ponen a cocer con el agua o el caldo durante quince minutos. Se adereza al gusto, y se bate todo bien, hasta que la mezcla quede bien suave.

Se puede decorar el plato colocando encima unas rodajas de berenjena (sin pelar), que habremos hecho antes a la plancha.

Escudella

Éste es un plato típico catalán, que se suele tomar por Navidad. Aquí he intentado conseguir una versión vegetariana del mismo.

INGREDIENTES PARA 4 PERSONAS

1 l de agua – 250 g de garbanzos ya cocidos
1 patata grande – 2 cebollas medianas

4 hojas de col blanca – 1 rama de apio
1 zanahoria grande – ½ paquete de pasta para sopa
(lo típico son las ballenas o tiburones grandes)
aceite de oliva – sal

ELABORACIÓN

Se prepara un caldo vegetal cociendo todas las verduras y los garbanzos durante treinta minutos. A continuación, se cuela y se reservan las verduras. Añadimos el aceite y la pasta, y cocemos durante diez minutos.

Se sirve en una sopera. Las verduras se disponen en una fuente llana, a fin de que cada comensal se pueda servir para comerlas junto con la sopa o, si así se desea, aparte.

Sopa de pasta

INGREDIENTES PARA 4 PERSONAS

1 l de caldo vegetal
250 g de pasta de sopa

ELABORACIÓN

Cocer la pasta en el caldo durante diez minutos más o menos (dependerá del tipo de pasta que usemos en cada ocasión).

Sopa de arroz y fideos

INGREDIENTES PARA 4 PERSONAS

1 l de caldo vegetal – 1 tacita de arroz
150 g de fideos gruesos – 2 dientes de ajo
2 cucharadas de aceite de oliva

ELABORACIÓN

Con el aceite y el ajo, hacer un sofrito suave. A continuación, añadimos el caldo y el arroz, y cocemos durante doce minutos. Luego añadimos los fideos, y terminamos la cocción cuando éstos estén en su punto.

III

VERDURAS

Acelgas con ajada

La ajada constituye la base de numerosos platos de la cocina gallega, tanto de verduras como de pescados. En la receta que sigue, se han utilizado las acelgas, pero se pueden emplear otras verduras.

INGREDIENTES PARA 4 PERSONAS

1 kg de acelgas – 3 patatas grandes – 3 zanahorias
2 dientes de ajo – 1 cucharadita de pimentón dulce
5 cucharadas soperas de aceite de oliva
1 cucharada sopera de vinagre de sidra – sal

ELABORACIÓN

Lavamos las patatas, las zanahorias y las acelgas. Pelamos las patatas y las cortamos a dados, las zanahorias a rodajas y partimos las acelgas. Unimos los tres ingredientes en una olla y los cocemos al vapor.

Una vez cocidas las verduras, las escurrimos (como siempre, reservando el caldo, para usarlo en otra receta), las ponemos en la fuente de servir y las regamos con la ajada.

Para hacer la ajada: En una sartén calentamos el aceite y doramos en él los ajos, cortados a láminas. Una vez dorados, agregamos el pimentón y el vinagre, damos unas vueltas y apagamos el fuego.

Berenjenas rellenas

INGREDIENTES PARA 2 PERSONAS

1 berenjena grande – ½ cebolla
2 dientes de ajo – 1 copita de brandy
1 tacita de puré de tomate
1 tacita de patatas al vapor cortadas a dados pequeños
1 tacita de espinacas cortadas pequeñas
pan rallado – aceite – orégano
albahaca – pimienta – sal

ELABORACIÓN

Partir la berenjena longitudinalmente y vaciarla de su pulpa con una cuchara, cuidando de no perforar la piel. En una sartén aparte, hacemos un sofrito con la cebolla y el ajo. Cuando estén doraditos, añadimos el tomate, el brandy, las espinacas y las hierbas, junto con la pulpa de la berenjena, que también habremos picado finamente. Salpimentamos al gusto y cocemos todo junto durante quince minutos. Si vemos que nos queda demasiado seco, añadiremos un poco de agua o caldo vegetal. A continuación, echamos las patatas y removemos. Rellenamos con esta mezcla las medias berenjenas, espolvoreamos con el pan rallado y gratinamos al horno durante unos veinte o veinticinco minutos más.

Calabacines rellenos

INGREDIENTES PARA 4 PERSONAS

4 calabacines medianos – 2 cebollas medianas
1 bandeja de champiñones – 1 kg de tomates
2 pimientos verdes – 4 dientes de ajo
pan rallado – perejil – orégano
pimienta – aceite – sal

ELABORACIÓN

Lavar bien todas las verduras. Se cortan los calabacines longitudinalmente y se extrae la pulpa, con cuidado, con una cuchara. Pelamos y cortamos finamente las cebollas y las rehogamos con un poco de aceite, hasta que estén doradas. A continuación añadimos los tomates, que previamente habremos rallado, y el resto de las verduras cortadas a trozos pequeños, junto con la pulpa de los calabacines. Agregamos la sal y las hierbas, y cocemos todo junto, a fuego lento, durante aproximadamente media hora.

Cuando esté listo, rellenamos las mitades de calabacín con esta mezcla, espolvoreamos con un poco de pan rallado y gratinamos.

Se sirve caliente.

Brécol con bechamel

INGREDIENTES PARA 4 PERSONAS

1 brécol previamente hervido
salsa bechamel – pan rallado

ELABORACIÓN

Colocar el brécol ya hervido en una fuente grande o en cazuelitas individuales. Cubrimos con la bechamel y espolvoreamos con el pan rallado. Gratinamos y servimos.

Espinacas a la catalana

INGREDIENTES PARA 4 PERSONAS

1 ½ kg de espinacas – 100 g de piñones
100 g de pasas de Corinto

Elaboración

Hervir las espinacas y luego las escurrimos bien, reservando el caldo resultante para hacer algún otro plato. La versión tradicional del plato consiste en sofreír ligeramente los piñones y las pasas con un poco de mantequilla, y añadirlos luego a las espinacas, pasándolas rápidamente por la sartén. Sin embargo, recomiendo mezclar sólo los piñones y las pasas con las espinacas. Si se prefiere, podemos utilizar margarina vegetal (a pesar de que, como ya he dicho anteriormente, no aconsejo su uso) o bien algún aceite vegetal biológico de primera presión en frío.

Guisantes guisados

Ingredientes para 4 personas

1 kg de guisantes frescos – 3 zanahorias grandes
3 patatas grandes – 2 cebollas – 1 diente de ajo
1 hoja de laurel – 1 vasito de vino blanco
1 vaso de caldo de verduras
3 cucharadas de aceite de oliva – sal

Elaboración

Desgranar los guisantes, y pelamos y cortamos las patatas y zanahorias a dados pequeños.

Ponemos el aceite en una cazuela de barro y doramos

las cebollas y el ajo, cortados a trozos pequeños. Seguidamente, añadimos los guisantes, las patatas y las zanahorias, y cocemos todo junto, a fuego suave, durante unos cinco minutos. Agregamos el caldo, el vino y el laurel, sazonamos y proseguimos la cocción diez minutos más.

Col rellena

INGREDIENTES PARA 4 PERSONAS

4 hojas grandes de col – 200 g de tomates maduros
2 cebollas grandes – 2 dientes de ajo
3 zanahorias grandes – 2 cucharadas de pasas de Corinto
1 ramita de perejil – 1 cucharadita de comino
1 cucharadita de orégano – 1 taza de caldo vegetal
aceite de oliva

ELABORACIÓN

Cocer las hojas de col hasta que se ablanden, y reservamos.

Se prepara un sofrito con los tomates, las cebollas, el ajo y las zanahorias, y se cuece hasta que espese. A continuación, mezclamos con las pasas, el perejil finamente cortado y los cominos, y cocemos todo junto cinco minutos más.

Después rellenamos las hojas de col con la mezcla obtenida, enrollamos y colocamos los rollitos en una fuente para ir al horno. Añadimos el caldo y horneamos veinte minutos más.

Verduras al horno

INGREDIENTES
(DEPENDIENDO DEL NÚMERO DE COMENSALES,
SE UTILIZARÁ MÁS O MENOS CANTIDAD
DE CADA INGREDIENTE)

patatas – boniatos – nabos – zanahorias
chirivías – alcachofas – cebollas
berenjenas – calabacines – pimientos
hierbas aromáticas – aceite de oliva
pimienta – sal

ELABORACIÓN

En primer lugar, escogeremos los ingredientes a utilizar de la lista de los propuestos (con 2 o 3 variedades de temporada el plato queda muy sabroso), teniendo en cuenta, además, que si servimos este plato deberemos evitar introducir un alimento rico en proteínas en la misma comida, a fin de respetar las combinaciones alimentarias.

Lavar y pelar todos los ingredientes, y cortarlos a grandes trozos. A continuación, los dispondremos en una fuente para ir al horno y los aliñaremos con hierbas, sal, pimienta y abundante aceite de oliva.

Cocerlo al horno de treinta minutos a una hora, dependiendo del tipo de horno que se utilice.

Éste es un plato muy fácil de elaborar, pero que sin

embargo resulta muy sabroso, y siempre resulta una agradable sorpresa para los comensales.

Calabacines estofados

INGREDIENTES PARA 4 PERSONAS

1 cebolla grande – 1 tomate – 2 dientes de ajo
1 hoja de laurel – 3 calabacines – aceitunas negras
un puñadito de hierbas provenzales
aceite de oliva – 1 vaso de agua – pimienta – sal

ELABORACIÓN

En una cazuela de barro echamos un chorrito de aceite de oliva y procedemos a sofreír suavemente la cebolla y el ajo, que habremos troceado antes finamente. Cuando estén transparentes, añadiremos el tomate, rallado, y el laurel con las hierbas provenzales. Sofreímos durante unos diez minutos más, sin dejar de remover, a fin de evitar que se pegue o se queme.

A continuación, incorporamos los calabacines, sin pelar, y que habremos cortado a rodajas de unos dos dedos de grosor, el agua y las aceitunas. Cocemos todo junto a fuego suave durante quince minutos.

Rectificamos la sazón, y ya está listo para servir.

Endibias glaseadas

Para este plato también podemos usar puerros, cebollas pequeñas u otras verduras.

INGREDIENTES POR PERSONA

2 endibias – 1 cucharada sopera de margarina vegetal
1 cucharada sopera de azúcar integral
1 pizca de pimienta negra molida

ELABORACIÓN

En una cazuela de barro fundimos la margarina y luego sofreímos las endibias suavemente durante unos siete u ocho minutos. A continuación, agregamos el azúcar y la pimienta, lo rehogamos unos minutos más, y ya está a punto para servir.

Estofado de cebollas

INGREDIENTES PARA 4 PERSONAS

½ kg de cebollas – 2 tomates grandes, maduros
1 vaso de vino blanco – 1 vaso de agua
1 hoja de laurel – 1 pizca de tomillo
aceite de oliva – pimienta – sal

Elaboración

Ponemos el aceite en una cacerola y lo calentamos. A continuación, añadimos las cebollas cortadas a trozos grandes, el laurel y el tomillo. Rehogamos hasta que estén doraditos, y después echamos los tomates hechos puré, el agua, el vino, la sal y la pimienta. Dejamos cocer 15 minutos más, y ya está el estofado terminado.

Escalivada

Ésta es una receta típica catalana, que se puede comer como plato principal o como guarnición de otros platos a base de patatas o de arroz, por ejemplo.

Ingredientes para 4 personas

2 berenjenas grandes
4 pimientos rojos grandes, de carne gruesa
2 cebollas

Elaboración

Lo típico es asar las verduras a la brasa. Sin embargo, podemos adaptar perfectamente este plato a la cocina moderna utilizando el horno.

Colocamos las verduras limpias y sin pelar en la bandeja del horno, y procedemos a asarlas a temperatura bien alta. Cuando estén cocidas (el tiempo dependerá del horno que se utilice, y sabremos cuándo están listas pues la piel de los pimientos aparecerá quemada y las cebollas y berenjenas estarán blandas), se retiran del horno y, sin dejar que se enfríen completamente, las pelaremos.

Después, las cortaremos a tiras largas y las iremos colocando en una fuente llana, disponiendo cada ingrediente en un grupo separado del resto.

Se suele aliñar simplemente con aceite de oliva. En algunas zonas se le añade, además, un poquito de ajo cortado a trocitos pequeños.

Se sirve a temperatura ambiente o bien frío.

Parrillada de verduras

Se pueden hacer a la plancha casi cualquier tipo de verduras, excepto las de hoja, como la lechuga, la col o las espinacas. En la relación que sigue se sugieren algunas de ellas, pero, evidentemente, no se espera que en cada parrillada las usemos todas; bastará con utilizar de cuatro a seis variedades cada vez.

Ingredientes

endibias (cortadas por la mitad, a lo largo)
cebollas (cortadas a rodajas gruesas)
zanahorias (cortadas a lo largo, en filetes de unos 2 mm)

judías verdes – espárragos trigueros – setas
pimientos (rojos o verdes)
calabacín (con piel, cortado a rodajas)
berenjena (con piel, cortada a rodajas)
puerros (si son muy gruesos, los podemos partir por la mitad, a lo largo) – alcachofas (sin las hojas externas y cortadas a láminas finas) – brécol – coliflor
para aliñar: aceite de oliva, finas hierbas, sal y pimienta, o también ajo y perejil finamente picados

ELABORACIÓN

Calentar bien la plancha (sin aceite) y, cuando esté bien caliente, se van colocando las verduras. Se dejan hasta que estén doradas por ambas caras.

Una vez cocidas, se van disponiendo de manera decorativa en una bandeja para servir, o directamente en los platos, y, finalmente, se aliñan al gusto.

Sugerencia: es preferible no usar aceite durante la cocción, así evitamos los peligros del aceite cocido, los humos en la cocina (y que ésta se ensucie tanto), e igualmente evitamos que las verduras absorban demasiado aceite (sobre todo en el caso de las berenjenas). Se pueden aliñar, una vez hechas, con aceite crudo de oliva y sal, y también con hierbas provenzales.

Pinchos de verduras

INGREDIENTES

verduras variadas cocidas a la plancha, que habremos cortado a tacos del tamaño de un bocado (se puede emplear cualquiera de las variedades sugeridas en la receta de la parrillada de verduras) – tacos de patatas fritas

ELABORACIÓN

Usaremos dos pinchos por comensal, en los cuales iremos insertando las verduras y las patatas, alternativamente.

Como acompañamiento podemos disponer en la mesa unos bols con salsa romesco, mojo picón o allioli, por ejemplo.

Berenjenas a la cazuela

INGREDIENTES

4 berenjenas grandes – 1 tomate maduro
3 dientes de ajo – un puñado de almendras tostadas
aceite de oliva – 1 vaso de caldo de verduras
pimienta – sal

Elaboración

En una cazuela de barro freímos las berenjenas, sin pelar, que habremos cortado a dados grandes. Las retiramos y las ponemos en un papel absorbente, a fin de que no queden demasiado empapadas de aceite.

En la misma cazuela, sofreímos los ajos y el tomate, retirando previamente el exceso de aceite. A continuación, añadimos las berenjenas, el caldo y las almendras picadas a trozos irregulares, y se cuece todo junto, a fuego muy suave, durante quince minutos.

Estofado de verduras

Ingredientes para 6 personas

250 g de judías verdes – 1 zanahoria
1 bulbo de hinojo – 2 endibias – 4 cebollas tiernas
1 berenjena – 4 alcachofas – 1 calabacín
1 vasito de vino blanco – 1 vasito de aceite de oliva
un puñado de pasas de Corinto – el zumo de 1 limón
3 hojas de menta fresca – 1 hoja de laurel
1 cucharadita de azúcar integral – pimienta – sal

Elaboración

Se limpian y trocean las verduras, y se colocan con los demás ingredientes en una cazuela de barro. Dejamos cocer a fuego lento durante cinco minutos, tapamos la cazuela y dejamos reposar durante veinte minutos, antes de servir el plato.

Calçotada

Éste es un plato muy típico de la zona de Reus (Tarragona) que actualmente se ha popularizado en toda Cataluña. Resulta un motivo simpático para hacer una comida informal, en la cual los comensales deberán lucir unos grandes baberos, si no quieren terminar con la ropa llena de salsa, puesto que se come con los dedos.

Ingredientes

10 o 12 calçots (especie de cebolleta tierna, parecida a los puerros) por comensal
abundante salsa romesco

Elaboración

En primer lugar, se limpian los calçots de raíces y de restos de tierra, pero conservando la piel exterior y todas las hojas. Hay que preparar un fuego muy vivo, y cuando haya suficiente rescoldo y llamas abundantes, se asan los calçots hasta que quedan quemados por fuera.

Si hay muchos comensales, a medida que vamos sacando los calçots del fuego los envolvemos en periódicos, a fin de que conserven el calor.

Para comer los calçots los comensales están de pie, con el babero puesto, y agarran con una mano cada calçot por las hojas y, con la otra, deslizan hacia abajo la parte externa (y quemada), dejando al descubierto la parte blanca, que estará blanda y jugosa. Se moja el calçot en la salsa y se come (sí, así, a lo bruto, y ¡están riquísimos!).

Libritos de berenjena

INGREDIENTES PARA 4 PERSONAS

3 berenjenas bien anchas – 1 tomate maduro
4 hojas de lechuga – 200 g de avellanas tostadas
aceite de oliva – harina integral – 1 vasito de leche vegetal
pimienta – sal – unos palillos

ELABORACIÓN

Preparar una masa no muy espesa con la harina integral y la leche vegetal. Limpiar las berenjenas y cortarlas a rodajas (sin pelar). Aparte, preparamos un paté mezclando el tomate con las avellanas, la sal y la pimienta. Untamos cada rodaja con el paté, tapamos con otra rodaja y fijamos las dos mitades con un palillo. Seguidamente, rebozamos con la masa de harina y freímos en abundante aceite. Una vez fritos los libritos, los dejamos un rato en papel absorbente a fin de retirar el exceso de aceite.

Alcachofas «cri-cri»

INGREDIENTES

3 o 4 alcachofas por comensal – harina integral
agua – aceite de oliva – sal

ELABORACIÓN

Preparar las alcachofas según se explica en la receta «Carpaccio de alcachofas». Aparte preparamos una masa bastante líquida con la harina, la sal y el agua. En ella rebozamos cada lámina de alcachofa, procurando que no cojan demasiada masa, y freímos en aceite bien caliente.

Al retirarlas del fuego, y antes de servir, las dejaremos que escurran bien el exceso de aceite colocándolas encima de un papel absorbente.

Se pueden tomar como primer plato o bien como acompañamiento de otros.

Servir en una bandeja llana, que podemos decorar disponiendo unas hojas de lechuga en forma de abanico.

Verduras crujientes

INGREDIENTES

verduras variadas cocidas – harina integral – leche vegetal
1 cucharadita de levadura – pimienta – sal

Para preparar este sencillo plato emplearemos restos de verduras al vapor, que nos hayan quedado del día anterior, o bien podemos cocer las verduras que tengamos más a mano, según la temporada y la zona del país en que estemos.

ELABORACIÓN

Se trata de preparar una masa espesita, con leche vegetal, harina integral y una cucharadita de levadura, a la que podemos añadir alguna especie, además de sal y pimienta, o también una picada de ajo y perejil.

Con un par de cucharas vamos cogiendo una porción de verdura, la sumergimos en la masa y freímos el buñuelo en abundante aceite caliente. Como siempre que hacemos fritos, los dejaremos que escupan el exceso de aceite dejándolos un rato encima de papel absorbente.

Servir en una bandeja que habremos forrado previamente con hojas de lechuga cortadas en juliana.

Col estofada

INGREDIENTES PARA 4 PERSONAS

1 col blanca – 2 cebollas – 3 dientes de ajo
1 pimiento rojo – 2 vasos de caldo vegetal
aceite de oliva – pimienta – sal

ELABORACIÓN

En una olla, echamos un vasito de aceite de oliva, en el que sofreiremos las cebollas y el ajo, que habremos picado a trocitos pequeños. Cuando estén dorados, añadimos el pimiento rojo y la col cortados a tiras. Incorporamos el caldo, y aderezamos con sal y pimienta.

Cocemos todo junto, a fuego suave, durante treinta minutos.

Menestra de verduras

INGREDIENTES

1 taza de guisantes – 1 taza de zanahoria cortada a rodajas
1 taza de calabacín cortado a rodajas
1 taza de judías verdes, cortadas
1 taza de champiñones enteros
1 manojo de espárragos blancos, cortados
para la decoración: unas hojas de lechuga y un tomate

ELABORACIÓN

Poner todos los ingredientes en una olla y cocemos al vapor durante no más de siete minutos.

Retiramos del fuego y colamos. Se decora una bandeja llana con hojas de lechuga y rodajas de tomate, y se coloca la menestra en el centro.

Se puede aliñar simplemente con aceite, o también con mahonesa o romesco. (Véase el apartado de salsas y aliños.)

Espárragos a la plancha

INGREDIENTES PARA 4 PERSONAS

2 manojos de espárragos trigueros – aceite
finas hierbas – pimienta – sal

ELABORACIÓN

Se limpian bien los espárragos y se corta la parte blanca inferior, que suele ser demasiado dura y fibrosa para el consumo.

Calentar bien la plancha y, a continuación, asamos en ella los espárragos hasta que estén dorados. Se recomienda no usar el aceite durante la cocción, a fin de evitar humos y exceso de aceite.

Se colocan en la fuente de servir y se aliñan al gusto.

Alcachofas al horno

INGREDIENTES

2 o 3 alcachofas por comensal – aceite de oliva – sal

Elaboración

Cortamos el tronco de las alcachofas por la base y, con un cuchillo, marcamos esta base con una cruz, a fin de facilitar la cocción. En esta receta no se retiran las hojas superfluas, que ayudarán a mantener tiernas y jugosas las que son aptas para comer.

Como siempre que empleemos alcachofas, al terminar de limpiarlas nos rociaremos los dedos con zumo de limón para evitar que se ennegrezcan.

Colocamos las alcachofas en una fuente para el horno, las rociamos con aceite y sal, y se cuecen a temperatura elevada durante unos veinte o treinta minutos.

Este plato se suele comer con los dedos, retirando hoja a hoja, y consumiendo sólo la parte tierna.

Como en cualquier plato de verduras, podemos utilizar alguna de las salsas propuestas para enriquecer y variar su sabor, recomendando muy especialmente la salsa romesco.

Alcachofas a la cazuela

Ingredientes

2 o 3 alcachofas por comensal – 1 diente de ajo por comensal
aceite de oliva – vinagre de manzana
pimienta – sal

Elaboración

Cortar el tronco de las alcachofas por la base y marcar esta base con una cruz para facilitar su cocción. Retirar las hojas más externas y cortar las puntas del resto, aproximadamente por la mitad. Se pueden aprovechar unos 3 o 4 cm de los troncos, pero hay que tener la precaución de pelarlos, pues amarga.

Como siempre que estemos tocando alcachofas, una vez hayamos terminado de limpiarlas procederemos a frotarnos los dedos con un limón, a fin de evitar que se ennegrezcan.

En una cacerola se pone un vasito de aceite y otro de vinagre. Colocar las alcachofas encima, sentadas sobre su base, y los troncos. Picamos finamente los ajos y los metemos entre las hojas de las alcachofas.

Aderezar con sal y pimienta, al gusto (también se pueden sustituir por hierbas aromáticas o añadir una hoja de laurel a la cocción). Tapamos la cacerola y cocemos a fuego suave de veinte a veinticinco minutos.

IV

CEREALES

1. ARROCES Y OTROS GRANOS

Arroz con alcachofas

Ingredientes por persona

1 tacita de las de café de arroz integral – 1 alcachofa
½ cebolla – 1 diente de ajo
2 tacitas de agua o de caldo vegetal
aceite – pimienta – sal

Elaboración

Cortar la cebolla a trozos finos y hacer un sofrito con ella. Cuando esté transparente, añadimos el diente de ajo y la alcachofa, a la que habremos cortado las puntas de las hojas y eliminado las más externas (se aprovechan 3 o 4 dedos del tallo, que hay que pelar necesariamente ya que si no deja un sabor muy amargo), cortada, longitudinalmente, en 6 u 8 trozos.

Al terminar de preparar la alcachofa, recordemos limpiarnos los dedos con limón, para que no se ennegrezcan.

Pasados unos cinco minutos, añadimos el caldo de verduras y salpimentamos al gusto. Cuando el agua arranque a hervir, echamos el arroz, y se cuece el tiempo necesario (según el tipo de arroz integral este tiempo varía enormemente, así como la cantidad de líquido que se requiere. Si se tratase de arroz blanco, por ejemplo, la proporción arroz/líquido es de uno a dos, y el tiempo de cocción de quince a veinte minutos). Cuando el arroz esté listo, se puede espolvorear con ajo y perejil finamente picados, y dejar reposar durante cinco minutos tapado con un paño limpio.

Arroz con cebolla y zanahoria

Ingredientes por persona

1 tacita de arroz integral – 1 cebolla mediana
1 zanahoria grande – agua o caldo de verduras
aceite – pimienta – sal

Elaboración

Se cuece el arroz en el agua o caldo y, mientras, preparamos aparte un sofrito (con muy poco aceite) con la cebolla y la zanahoria, que habremos rallado previamente, y salpimentamos. Cuando el sofrito esté listo, se sirve conjuntamente con el arroz.

Este plato es fácil y rápido, y tiene un sabor dulce muy agradable.

Paella vegetal

Ingredientes para 4 personas

3 tacitas de arroz integral
2 tacitas de caldo vegetal (según el tipo de arroz que utilicemos puede ser necesario usar más cantidad de líquido)
½ alcachofa – 1 tacita de puré de tomate crudo
1 tacita de guisantes – ½ pimiento verde, cortado a trozos pequeños – 1 tacita de judías verdes tiernas
1 tacita de berenjena, cortada a dados – 1 diente de ajo
1 cucharada de aceite de oliva
½ cucharada de ajo y perejil, finamente picados
1 cucharadita de piñones – ¼ de ñora
pimienta – pimentón dulce – sal

Elaboración

En una paellera, echar el aceite. Cuando esté caliente, añadimos el ajo cortado a láminas, las alcachofas, el tomate, los guisantes, el pimiento verde, las judías y la berenjena. Sofreímos muy lentamente hasta que al cruzar la masa resultante con la espátula de madera el sofrito quede separado (es decir, hasta que haya alcanzado un punto de espesor suficiente como para que no se junte de forma inmediata). Después, trituramos los piñones y la ñora con el caldo y lo agregamos al sofrito. Salpimentamos al gusto. Cuando arranque a hervir, echamos el arroz y cocemos sin remover. En principio la paella debe quedar seca, aunque en algunas partes de España hay la costumbre (o la preferencia personal) de comer el arroz caldoso. En todo caso, se trata de una opción de cada cual.

Una vez finalizada la cocción, apagamos el fuego, espolvoreamos el arroz con el ajo y el perejil, que habremos picado previamente, cubrimos con un paño limpio y dejamos reposar cinco minutos antes de servir.

Pastelitos de arroz con chanfaina

Ingredientes por persona

1 tacita de arroz – 1 cucharón de chanfaina
(véase la elaboración de la chanfaina en el apartado de salsas)
2 tacitas de agua o caldo vegetal

ELABORACIÓN

Cocer el arroz con el agua justa. A continuación, se coge un cuenco pequeño (del tamaño de una naranja, por ejemplo) de plástico y lo rellenamos con el arroz, dejando un espacio hueco en el centro, que procederemos a rellenar con la chanfaina. Después pasaremos a desmoldar el pastelito de arroz en un plato y lo adornaremos colocando el resto de la chanfaina a su alrededor, como formando una corona. También podemos poner un poco de la salsa en la parte superior del mismo, o bien decorarlo con una aceituna negra o una hoja de perejil.

De la misma manera que usamos la chanfaina como relleno, podemos emplear cualquier estofado a base de verduras solas (sin patatas) o de verduras y setas. Se puede aprovechar, por ejemplo, un resto de verduras del día anterior (espinacas, menestra...).

Pimientos rellenos de arroz

INGREDIENTES POR PERSONA

1 pimiento rojo (a ser posible, de forma redondeada, a fin de que resulte fácil rellenarlo)
1 tacita de arroz integral
1 cucharada de almendras crudas troceadas
½ tacita de guisantes – ½ cebolla
3 champiñones – pimienta – sal

ELABORACIÓN

Cortar el pimiento a lo largo, conservando el rabito y vaciándolo de pepitas. Reservar.

Cocemos el arroz, y en una sartén aparte preparamos un sofrito ligero con la cebolla y los champiñones. A continuación, añadimos los guisantes y las almendras, y salpimentamos al gusto. Cocemos 10 minutos más, y agregamos la mezcla al arroz ya hervido y escurrido.

Procedemos a rellenar los pimientos con la masa obtenida, metemos en el horno y cocemos durante unos veinticinco minutos. Si se prefiere, se pueden gratinar con un poco de pan rallado.

Ensalada de arroz

INGREDIENTES PARA 4 PERSONAS

2 tacitas de arroz integral o arroz salvaje
2 tazas de maíz cocido – 1 taza de guisantes hervidos
2 tomates grandes – un buen puñado de aceitunas verdes
1 pimiento verde – 2 cucharadas de alcaparras

ELABORACIÓN

En primer lugar procederemos a cocer el arroz. Cuando esté cocido, lo colamos y lo dejamos enfriar.

En una ensaladera honda, colocamos el arroz, el maíz, los guisantes, los tomates cortados a dados, las aceitunas, las alcaparras y el pimiento verde cortado a aros.

Para aliñar la ensalada podemos escoger la salsa de aguacate a las hierbas, la mahonesa o la salsa de almendras, por citar algunas que pueden ligar bien.

Ensalada de maíz

INGREDIENTES PARA 4 PERSONAS

2 tazones grandes de maíz cocido – 3 zanahorias ralladas
2 nabos, rallados – 1 manojo de rábanos, cortados a rodajitas
2 puerros, cortados a rodajas muy finas
150 g de aceitunas negras

ELABORACIÓN

Mezclar todos los ingredientes en un cuenco para ensalada y aliñar con aceite de oliva, o con la salsa que prefiramos. Como sugerencia podemos citar la salsa tártara, o la salsa de mostaza, o cualquiera de las salsas crudas que aparecen en el apartado «Cocina crudívora».

Cuscús con verduras

Ingredientes para 6 personas

300 g de cuscús – 200 g de judías tiernas
200 g de guisantes frescos – 200 g de acelgas o espinacas (o las hojas externas de la lechuga)
2 cebollas – 2 zanahorias – caldo de verduras
aceite de oliva – 1 cucharada (de postre) de curry (optativo)
pimienta – sal

Elaboración

En una cazuela de barro, echamos un vasito de aceite de oliva, en el que rehogaremos las cebollas y las zanahorias, que habremos rallado previamente. Cuando esté el sofrito bien ligado y dorado, añadiremos las judías a trozos pequeños, los guisantes y las hojas de verdura cortadas. Agregaremos un chorrito de caldo de verduras y, removiendo bien, dejamos cocer un par de minutos. A continuación, echamos el cuscús y el doble de su volumen en caldo (o agua). Sazonamos con sal y pimienta, y dejamos cocer unos quince minutos. Unos cinco minutos antes de terminar la cocción, añadiremos el curry.

Dependiendo de la variedad de cuscús que elijamos, necesitaremos más volumen de líquido, así como mayor tiempo de cocción.

Calabacines rellenos de cuscús

INGREDIENTES PARA 4 PERSONAS

300 g de cuscús – 4 calabacines no muy grandes
50 g de avellanas tostadas – 50 g de almendras tostadas
1 cebolla – 3 cucharadas soperas de margarina vegetal
1 cucharadita de cominos molidos
pimienta – sal

ELABORACIÓN

En primer lugar, procederemos a cocer el cuscús según las indicaciones de la marca que hayamos escogido.

Mientras se va cociendo, lavamos los calabacines (enteros y sin pelar) y los escaldamos. A continuación, los cortamos en dos mitades, longitudinalmente, y con la ayuda de una cuchara extraemos con cuidado la pulpa, procurando no romper las cáscaras, que depositaremos con cuidado en una fuente de servir.

En una sartén aparte, ponemos la margarina y, cuando esté fundida, añadimos la cebolla bien picada y dejamos que se dore un poco. Una vez a punto la cebolla, agregamos la pulpa de los calabacines cortada a trozos menudos y sazonamos al gusto. Incorporamos las almendras y avellanas a trozos pequeños, y lo rehogamos todo durante cinco minutos a fuego suave, removiendo de vez en cuando. Retiramos del fuego y echamos el cuscús, ya cocido. Mezclamos bien y, con ayuda de una cuchara, procedemos a rellenar las mitades de los calabacines.

Como de costumbre, decoraremos la fuente con alguna verdura que tengamos a mano o, simplemente, con unas rodajas de calabacín a la plancha y un poco de maíz al vapor.

Arroz con setas

INGREDIENTES PARA 4 PERSONAS

4 tacitas de arroz integral
8 tacitas de caldo de verduras o agua
300 g de setas variadas – 100 g de avellanas tostadas
1 cebolla – 2 dientes de ajo
4 cucharadas de salsa de soja
4 cucharadas soperas de aceite de oliva
una pizquita de canela – pimienta – sal

ELABORACIÓN

En una cazuela de barro o en una paellera, echamos el aceite y hacemos un sofrito suave con la cebolla y los ajos. Cuando esté bien dorado, añadimos las setas cortadas y, removiendo de vez en cuando, esperamos a que suelten toda el agua y luego a que ésta se evapore. A continuación, agregamos el caldo y las avellanas cortadas a trocitos, y sazonamos. Cuando el caldo arranque a hervir, echamos el arroz, removemos bien una sola vez, bajamos el fuego y dejamos cocer durante veinte minutos. Retiramos, cubrimos con un paño limpio y dejamos reposar cinco minutos antes de servir (no deje pasar más tiempo, a fin de que no se pase el arroz).

Arroz con frutos secos

INGREDIENTES PARA 4 PERSONAS

4 tacitas de arroz integral – 8 tacitas de caldo de verduras
200 g de frutos secos (pasas, avellanas, almendras, piñones y nueces), cortados a trozos pequeños
3 cucharadas de margarina vegetal
3 cucharadas de salsa de soja – 2 cebollas
1 hoja de laurel – pimienta negra molida

ELABORACIÓN

En una cazuela fundimos la margarina y añadimos la cebolla cortada bien fina, junto con el laurel. Rehogamos bien, hasta que haya adquirido un bonito tono dorado. Después procedemos a añadir el caldo y los frutos secos, y sazonamos al gusto. En cuanto empiece el hervor, echaremos el arroz y removeremos bien.

Cocer a fuego suave durante veinte minutos. Apagar el fuego, tapar con un paño limpio y dejar reposar durante cinco minutos.

2. PASTAS

Ensalada de pasta

Para la elaboración de este plato podemos aprovechar un resto de pasta que haya quedado de otro día.

INGREDIENTES POR PERSONA

4 o 5 cucharadas soperas de pasta integral ya cocida
1 tomate mediano maduro – 1 tacita de pepino
1 tacita de lechuga – 1 tacita de pimiento rojo
¼ de aguacate – aceitunas

ELABORACIÓN

En una ensaladera, mezclamos todas las verduras cortadas a dados con la pasta integral. Podemos aliñarlo con aceite de oliva o con alguna hierba aromática.

Pasta con guisantes y zanahoria

INGREDIENTES POR PERSONA

1 ración de pasta integral (espaguetis, macarrones...)
½ tacita de guisantes crudos
½ tacita de zanahoria cruda, cortada a dados pequeños

Elaboración

Cocer todos los ingredientes juntos, cuidando de que la pasta quede *al dente*. Se escurrre y se aliña con aceite de oliva.

Pasta a la putanesca

Ingredientes por persona

1 ración de pasta integral – 2 dientes de ajo
una pizca de guindilla – aceite de oliva

Elaboración

Hervir y escurrir la pasta. En una sartén, calentamos dos cucharadas de aceite de oliva y sofreímos el ajo y la guindilla hasta que el ajo esté dorado. Se añade la pasta, se remueve y se sirve.

Macarrones con chanfaina

Ingredientes para 4 personas

300 g de macarrones – agua o caldo de verduras
3 tazones grandes de chanfaina (véase receta en el apartado de salsas y aliños de «Cocina vegana»)

ELABORACIÓN

Cocemos los macarrones hasta que estén *al dente*. Escurrir y disponer en un cuenco. Añadimos la chanfaina, mezclamos bien, y ya está a punto de servir.

Espaguetis al pesto

INGREDIENTES PARA 4 PERSONAS

400 g de espaguetis – agua o caldo de verduras
salsa al pesto (véase receta en el apartado de salsas y aliños de «Cocina crudívora»)

ELABORACIÓN

Cocer la pasta en abundante agua con sal hasta que esté *al dente*. Escurrir y ponerla en una fuente de servir.

Ya en la mesa, se pone otro cuenco con la salsa al pesto, y cada comensal se va sirviendo la cantidad de pasta y de salsa deseada.

Rossejat de fideos vegetariano

Éste es un plato típico de la zona del Delta del Ebro, que hemos adaptado a la versión vegetariana.

INGREDIENTES PARA 4 PERSONAS

400 g de fideos de cabello de ángel
5 dientes de ajo
1 tacita de aceite de oliva
caldo de verduras
allioli

ELABORACIÓN

En una paellera echamos el aceite, los dientes de ajo enteros y sin pelar, y los fideos de cabello de ángel. Removemos bien, sin parar, hasta que los fideos estén rubios (de ahí el nombre del plato, pues «rossejar» significa «poner rubio»).

A continuación, añadimos el caldo de verduras (la cantidad es el doble del volumen de los fideos) y ya no removemos más. Ajustar el fuego para que no sea demasiado vivo. Hay que estar atentos al final de la cocción, que sabremos porque todo el caldo se ha consumido y los fideos se levantan, apuntando hacia arriba.

Se sirve en la mesa directamente en la paellera, poniendo a disposición de los comensales un bol con allioli, que cada cual se servirá en la cantidad que desee, para añadir a los fideos (hay que tener en cuenta que el allioli es una salsa realmente fuerte).

Macarrones de l'àvia Rosari

INGREDIENTES PARA 4 PERSONAS

400 g de macarrones – 150 g de aceitunas verdes, deshuesadas
1 cebolla grande – 2 tomates grandes, bien maduros
3 dientes de ajo – 1 hoja de laurel – agua o caldo de verduras
1 tacita de aceite de oliva – sal

ELABORACIÓN

Pelamos y cortamos bien finos tanto la cebolla como los ajos, y los rehogamos, junto con el laurel, en una cazuela. Cuando esté el sofrito bien dorado, añadimos los tomates, triturados, y las aceitunas. Sazonamos (debemos tener en cuenta que las aceitunas ya son saladas de por sí y, por lo tanto, necesitaremos menos cantidad de sal) y dejamos cocer unos diez minutos más, removiendo de vez en cuando para evitar que se queme o se pegue. Agregamos el caldo (el doble del volumen de la pasta) y, cuando empiece a hervir, echamos los macarrones. Removemos bien y cocemos todo junto diez minutos más (dependiendo del tipo de pasta y de su tamaño).

Macarrones con setas

INGREDIENTES PARA 4 PERSONAS

400 g de macarrones – 300 g de champiñones (u otras setas)
100 g de setas desecadas, previamente remojadas
2 cebollas – 2 dientes de ajo – 2 zanahorias
agua o caldo de verduras – 1 vasito de aceite de oliva
1 pizca de nuez moscada – 1 picada de ajo y perejil
pimienta – sal

ELABORACIÓN

Cortamos las cebollas y los ajos a trozos menudos y rallamos las zanahorias.

En una cazuela, echamos el aceite y, cuando esté caliente, añadimos las cebollas, los ajos y las zanahorias, y lo doramos bien. Después agregamos las setas y las dejamos cocer hasta que el agua que sueltan se haya evaporado completamente. Sazonamos con sal, pimienta y nuez moscada, incorporamos el caldo necesario (el doble del volumen de los macarrones) y, cuando arranque a hervir, echamos los macarrones.

Se remueve bien y dejamos cocer, aproximadamente, durante diez minutos (atender siempre las indicaciones que constan en el paquete de la pasta). Un par de minutos antes de apagar el fuego, y siempre sin remover, espolvoreamos por encima la picada de ajo y perejil.

Cintas con setas

Ingredientes para 4 personas

400 g de cintas de espinacas (también puede hacerse con otra variedad de pasta)
500 g de setas variadas (si son difíciles de conseguir, bastará con setas desecadas y champiñones)
1 cebolla – 1 diente de ajo – 1 ramita de perejil fresco
1 vasito de aceite de oliva – pimienta – sal

Elaboración

En una cazuela, sofreír la cebolla y el ajo, cortados muy finamente. Cuando estén dorados, añadiremos las setas cortadas a láminas finas y dejaremos que cuezan hasta que se haya evaporado el agua que sueltan. Sazonamos con sal, pimienta y el perejil fresco, removemos bien y apagamos el fuego.

Mientras se hace el sofrito, en una olla aparte, cocemos las cintas en agua o caldo, cuidando que queden *al dente*. Las escurrimos y agregamos a la cazuela.

Removemos con cuidado el conjunto, a fin de no estropear las cintas, y ya tenemos el plato a punto para servir.

3. COCAS, PIZZAS, EMPANADAS, TARTAS

Coca de verduras

PARA 4 A 6 PERSONAS

INGREDIENTES PARA LA MASA

1 tacita de harina integral – ½ tacita de agua
½ tacita de aceite de oliva – un pellizco de sal (opcional)

INGREDIENTES PARA LA COBERTURA

lechuga – tomate – cebolla – pimiento

ELABORACIÓN

Se mezclan bien todos los ingredientes para hacer la base, y se trabajen hasta obtener una masa homogénea. A continuación, preparamos la bandeja para horno, untándola con aceite y espolvoreándola con harina, a fin de evitar que se nos pegue. Extendemos la masa con el rodillo y la colocamos en la bandeja, pinchándola con un tenedor o un palillo para facilitar la cocción.

Una vez tenemos la masa en la bandeja, colocamos las verduras encima, cortadas a trozos pequeños. Se puede aliñar con aceite de oliva, sal, pimienta y hierbas aromáticas. Metemos en el horno y cocemos.

Hornear entre treinta minutos y una hora (dependiendo del tipo de horno que usemos).

Para hacer esta coca, podemos aprovechar las hojas de la lechuga más verdes que muchas personas suelen desechar a la hora de hacer una ensalada. También se pueden usar otras verduras, como calabacín, berenjena, espinacas, acelgas e incluso algunas setas.

Coca pebrera

Agradecemos muy especialmente a Catalina Bonet por esta receta.

INGREDIENTES PARA 4 A 6 PERSONAS

5 pimientos rojos asados – 250 g de harina integral
aceite – levadura (en cantidad como del tamaño
de una almendra grande) – agua – 3 ajos
un puñado de aceitunas deshuesadas
(preferiblemente negras) – sal

ELABORACIÓN

Amasamos la harina con un poco de agua, aceite y el trocito de levadura. Una vez bien amasado, lo dejamos reposar un rato.

Mientras la masa reposa, pelamos los pimientos y los cortamos a tiras.

Cogemos un molde para tarta, lo untamos de aceite y lo espolvoreamos con un poco de harina, a fin de evitar que se nos pegue la coca.

Extendemos la masa en el molde. La pinchamos con un tenedor, para facilitar su cocción, y añadimos los pimientos asados, los ajos cortados a láminas finas y unas aceitunas deshuesadas. Aliñamos con sal y aceite y cocemos al horno medio unos treinta minutos, hasta que veamos que la masa está bien cocida.

Se puede comer fría o caliente.

Pizzas

Plato típico italiano, que nació a raíz de la necesidad de aprovechar el pan que sobraba y también restos de comida. Simplemente, se tostaba (o no) el pan, se añadían los restos encima, con un poco de puré de tomate, orégano y queso, se horneaba unos minutos, y ¡ya estaba la pizza! Éste también es el origen de otras cocas populares en otras partes del mundo, incluso en algunas regiones de España.

CADA PIZZA ES PARA 4 A 6 PERSONAS

Ingredientes para la masa

400 g de harina integral – 20 g de levadura de pan
1 vaso de agua – sal

Sugerencias para la pizza

tomate, orégano y tofu (queso de soja)
tomate, orégano, tofu y setas
tomate, orégano, alcachofas y aceitunas negras
tomate, orégano, espinacas, pasas y piñones
tomate, orégano, cebolla, pimiento verde,
alcaparras y aceitunas negras
tomate, orégano, cebolla, zanahoria y champiñones
tomate, orégano, cebolla, manzana y calabacín
tomate, orégano y berenjena
tomate, orégano y cualquier resto de verduras
(pisto, menestra, estofado...)

Elaboración

Disolvemos la levadura en un poco de agua, la echamos encima de la harina, junto con un poco de sal, y amasamos bien, añadiendo un poco de agua si es necesario. La masa tiene que quedar bastante compacta y no se debe pegar a los dedos. La trabajamos bien con las manos, formamos una bola con ella, la tapamos con un paño y la dejamos reposar a temperatura ambiente durante unas dos horas.

A continuación, espolvoreamos la superficie de trabajo, manos y rodillo (si no tenemos rodillo, podemos usar una botella de cristal, de litro, bien limpia) con harina, y procedemos a extender la masa. Untamos la bandeja del horno con aceite, la espolvoreamos con harina y extendemos la masa en ella.

Seguidamente, ya sólo queda distribuir los ingredientes escogidos por encima y hornear a 200 °C de treinta a cuarenta minutos.

Se come caliente.

El tomate puede ser en forma de puré o cortado a rodajas. Como siempre, aprovecharemos aquellos que están demasiado maduros como para comer en ensalada.

Empanada vegetariana

La receta de esta empanada se basa en la empanada gallega.

Ingredientes para la masa

2 tazas (de las de café) de agua – ½ taza de aceite de oliva
6 tazas de harina integral – levadura (del tamaño de una nuez, aproximadamente) – sal

Ingredientes para el relleno

1 patata grande – 2 cebollas grandes
3 pimientos verdes – 2 tomates – 2 zanahorias
aceite – sal

Elaboración

Juntar todos los ingredientes para la masa y trabajarlos bien.

Aparte, preparamos una bandeja para ir al horno, untándola bien con aceite y espolvoreándola con harina, para evitar que se pegue la empanada.

A continuación, partimos la masa en dos y con el rodillo extendemos bien las dos mitades, forrando con una mitad la bandeja y dejando que suba por los bordes. Por último, pinchamos la masa con un tenedor para facilitar su cocción.

Hecho esto rellenamos la empanada con los ingredientes vegetales cortados a trozos no demasiado grandes, en crudo. Aliñamos con aceite y sal, y tapamos con el resto de masa sellándola bien por los bordes. Pinchamos, igualmente, la parte superior de la masa, e introducimos en el horno ya caliente (a unos 200 °C), hasta que la masa esté cocida. La sacamos un momento, la untamos con un poco más de aceite y la dejamos cocer un rato más a fin de que adquiera un tono dorado y brillante.

Se suele comer a temperatura ambiente.

Sugerencias para variar el relleno: sólo de cebolla, con cebolla, pimiento y berenjenas, con setas o con algas.

Empanadillas vegetarianas

INGREDIENTES PARA 6 PERSONAS

4 o 5 obleas para empanadillas por comensal (se pueden adquirir ya hechas, o hacerlas en casa, partiendo de la masa que hemos hecho para las empanadas)
1 berenjena grande – 150 g de aceitunas verdes, deshuesadas
1 cebolla grande – 1 calabacín – 2 zanahorias
aceite – sal

ELABORACIÓN

En una cazuela preparamos un sofrito, echando un par de cucharadas soperas de aceite y rehogando en él la cebolla hasta que se dore. A continuación, añadiremos las zanahorias, ralladas, el calabacín y la berenjena cortados a dados bien pequeños y las aceitunas cortadas en tres o cuatro trozos. Sazonamos y dejamos cocer unos cinco o diez minutos, removiendo de vez en cuando y procurando que quede una masa espesa. Si vemos que queda líquido de fondo, lo retiraremos con ayuda de una cuchara y lo reservaremos para enriquecer otro plato.

Enharinamos la superficie de trabajo y colocamos las obleas, encima de las cuales iremos depositando una cucharada sopera de la mezcla de verduras. Las doblaremos con cuidado por la mitad y las sellaremos con ayuda de un tenedor.

Freír en abundante aceite de oliva, bien caliente, y dejamos reposar unos momentos en papel absorbente.

Al igual que en el caso de las empanadas, podemos variar los rellenos, e incluso aprovechar restos de verduras de otros días, que podemos mejorar agregando pasas y piñones o añadiendo un sofrito ligero de ajos.

4. TOSTAS

Como en el caso de las pizzas, a continuación doy algunas sugerencias para las tostas. Este plato nos sirve como idea de base para aprovechar restos de verduras. Encima de la tostada podemos poner chanfaina, estofado de verduras, un resto de verduras a la plancha, menestra, etcétera. Como variedad, también podemos hornearla, a fin de que esté caliente y más crujiente, e incluso se puede gratinar con (o sin) un poco de pan rallado. Conseguiremos elaborar una tosta original, sabrosa y sorprendente tan sólo con el toque de un poco de pimienta o unas hierbas, o por el hecho de añadir un poco de puré de tomate o de zanahoria. ¡Imaginación al poder!

Tostadas con aguacate

INGREDIENTES POR PERSONA

1 rebanada grande de pan integral – ½ aguacate

PREPARACIÓN

Tostar el pan, vaciar medio aguacate (con la ayuda de una cuchara) y untarlo en el pan. Para dar un poco de variación al plato, podemos añadir unas rodajas de tomate o espolvorear por encima zanahoria rallada.

A pesar de su simplicidad, resulta muy apetitoso.

Tostadas con escalivada

INGREDIENTES POR PERSONA

1 rebanada grande de pan integral
3 cucharadas soperas de escalivada (véase su preparación en el apartado de verduras de «Cocina vegana»)

ELABORACIÓN

Tostar el pan y esparcir por encima la escalivada.

Tostadas con aguacate y zanahoria

INGREDIENTES POR PERSONA

1 rebanada grande de pan integral tostado
½ aguacate bien maduro – 1 zanahoria rallada

ELABORACIÓN

Untar el aguacate en la tostada y añadir por encima la zanahoria rallada. Aliñar al gusto (unas gotas de zumo de limón y una hoja de albahaca fresca picada le van muy bien).

Tostadas con lechuga y pepino

INGREDIENTES POR PERSONA

1 rebanada grande de pan integral tostado
2 hojas de lechuga (enteras o en juliana)
unas rodajas (sin pelar) de pepino

ELABORACIÓN

Aliñar la tostada con aceite de oliva virgen y colocar por encima la lechuga y las rodajas de pepino. Podemos darle un toque final con algunas hierbas o con un poco de salsa tártara.

Tostadas con tomate y pepino

INGREDIENTES POR PERSONA

1 tostada grande de pan integral
1 cucharada sopera de salsa romesco – unas rodajas de tomate
unas rodajas de pepino

ELABORACIÓN

Untar la tostada con la salsa y colocar por encima las rodajas de tomate y pepino.

V

PATATAS

Bolitas de puré de patatas

INGREDIENTES POR PERSONA

1 taza de puré de patatas
una pizquita de ajo y perejil finamente picados
pan rallado – aceite de oliva – pimienta – sal

ELABORACIÓN

Añadir el ajo y el perejil al puré de patatas y salpimentar al gusto. Con la ayuda de un par de cucharas, formar bolas con el puré, pasarlas por pan rallado y freír en aceite de oliva muy caliente.

Brazo de gitano de patata

INGREDIENTES PARA 4 PERSONAS

1 kg de patatas – 1 ½ vaso de leche vegetal
verduras asadas o estofadas (para el relleno)
pimientos rojos asados (para la decoración)
salsa mahonesa – aceitunas

ELABORACIÓN

Cocer las patatas y luego hacer un puré con ellas y la leche vegetal. Se extiende el puré encima de un paño limpio y echamos encima las verduras asadas. A continuación, con cuidado, levantamos el paño por dos puntas, enrollando el puré, con las verduras dentro, formando un tubo. Colocamos el brazo de gitano en una fuente ovalada de servir, lo cubrimos con salsa mahonesa y decoramos con los pimientos rojos en tiritas y las aceitunas. Alrededor del brazo de gitano podemos poner hojas de lechuga finamente cortadas o rodajas de tomate.

Se puede comer frío o a temperatura ambiente, y también variar el relleno según el gusto o las sobras de comidas anteriores (setas, pisto, chanfaina...). En vez de salsa mahonesa, podemos emplear salsa de tomate u otra de nuestra preferencia.

Pastel de patatas y berenjenas

INGREDIENTES PARA 4 PERSONAS

3 patatas medianas – 1 berenjena grande
2 cebollas grandes – 1 vaso de leche vegetal
hierbas aromáticas – pimienta – sal

ELABORACIÓN

Lavar bien todos los ingredientes. Se pelan las patatas y las cebollas, y se cortan a rodajas. Cortamos la berenjena del mismo modo (no es necesario pelarla).

Distribuimos las verduras en una fuente para ir al horno del modo siguiente: en el fondo colocamos las patatas, a continuación las cebollas y, finalmente, las berenjenas. Vamos aderezándolas capa por capa y, por último, se añade un chorrito de aceite de oliva y el vaso de leche. Hornear, aproximadamente, una hora. Al finalizar la cocción, gratinamos el pastel a fin de lograr un tono dorado.

Se sirve caliente.

Patatas con aguacate

INGREDIENTES POR PERSONA

1 patata grande – ½ aguacate maduro

ELABORACIÓN

Se cuecen las patatas al vapor, con piel. Una vez cocidas, se pelan y se cortan a rodajas, y encima de cada una de ellas colocamos una rebanada de aguacate. No es necesario ningún tipo de aliño, puesto que el aguacate en sí es ya bastante mantecoso.

Potaje de patatas

INGREDIENTES PARA 4 PERSONAS

2 patatas grandes – 2 cebollas medianas – 3 dientes de ajo
2 zanahorias grandes – 2 tomates grandes, maduros
1 hoja de laurel – 1 copita de vino blanco
½ litro de caldo vegetal – aceite – pimienta – sal

ELABORACIÓN

Hacer un sofrito ligero (con poco aceite) con las cebollas y el ajo. Cuando estén transparentes, echar los tomates, que habremos triturado previamente, y el laurel, y salpimentamos al gusto. Cuando adquiera cuerpo, se añaden las patatas, las zanahorias, el vino y el caldo, y se rehoga todo junto durante una media hora.

Tortilla de patatas

INGREDIENTES POR PERSONA

1 patata mediana
3 o 4 cucharadas soperas colmadas de harina de garbanzos
1 cucharada pequeña de bicarbonato, litines o levadura
agua – aceite de oliva

ELABORACIÓN

Se pelan y cortan las patatas en finas rodajas, que freiremos en aceite de oliva. Aparte, batir la harina de garbanzos con el agua y el bicarbonato hasta formar una masa semilíquida, de la consistencia de un batido o algo más espesa.

En una sartén aparte, añadir un chorrito de aceite de oliva y las patatas previamente fritas y, cuando esté bien caliente, se echa la masa de la harina de garbanzos por encima y se cuaja como una tortilla tradicional.

Patatas viudas

INGREDIENTES PARA 4 PERSONAS

6 o 7 patatas medianas – 1 cebolla – 1 zanahoria
2 tomates grandes, bien maduros – 4 dientes de ajo
1 hoja de laurel – 1 vaso de caldo vegetal
1 vasito de brandy – 1 vasito de aceite de oliva
tomillo – pimienta – sal

ELABORACIÓN

En una cazuela de barro se hace un sofrito con la cebolla y el ajo. Cuando estén dorados, añadir la zanahoria cortada a rodajas, las patatas a dados, los tomates rallados y el resto de los ingredientes.

Cocer a fuego medio, tapado, durante unos veinte minutos, cuidando de remover de vez en cuando para evitar que se nos pegue. Rectificar la sazón.

Podemos servir las patatas directamente a la mesa, con la cazuela de barro.

Ensalada de patatas

Ingredientes para 4 personas

4 patatas grandes, cocidas (con piel) al vapor
2 tomates grandes, maduros – ½ cebolla
1 pimiento verde – aceite de oliva
un puñado de aceitunas negras – sal

Elaboración

Pelar las patatas, una vez cocidas y ya frías, y cortarlas a rodajas. Ir disponiendo las rodajas por el fondo y los bordes de una fuente llana de servir. Encima colocamos los tomates, también cortados a rodajas, la cebolla, cortada a trozos pequeños, y el pimiento verde, que cortaremos en aros. Aliñamos con aceite de oliva y sal, y esparcimos las aceitunas por encima.

Cazuela de patatas con berenjenas

Ingredientes para 4 personas

3 patatas grandes – 2 berenjenas – 1 cebolla
1 vaso de caldo de verduras – albahaca
aceite de oliva – pan rallado – pimienta – sal

ELABORACIÓN

En una cazuela de barro u otra que después podamos meter en el horno, sofreímos la cebolla, cortada a tiras. Cuando esté dorada, añadimos las patatas, cortadas a rodajas un poco gruesas, y las berenjenas (sin pelar), cortadas a dados. Agregamos unas hojas de albahaca (preferiblemente fresca) y salpimentamos. Incorporamos el caldo y cocemos unos veinte a veinticinco minutos, hasta que las patatas estén bien cocidas. Apagamos el fuego, espolvoreamos con el pan rallado y metemos la cazuela en el horno, a gratinar, unos diez o quince minutos, hasta que el pan esté bien dorado y crujiente.

Papas arrugadas

Éste es un plato típico de Canarias, que se toma con su sabrosa salsa, el mojo picón («Cocina crudívora»).

Para su elaboración, se suelen usar patatas pequeñas.

INGREDIENTES PARA 4 PERSONAS

1 ½ kg de patatas pequeñas – sal marina – agua

ELABORACIÓN

Lavar bien las patatas y, sin pelarlas, colocarlas en una olla, añadir sal y cubrirlas con agua. Cocerlas de diez a quince minutos (el tiempo de cocción varía según el tamaño de las patatas). Sacamos toda el agua, tapamos con un paño y dejamos cocer unos minutos más, a fuego muy suave (hay que evitar que se quemen), a fin de que se sequen completamente y adquieran su típico aspecto arrugado.

Se colocan en una fuente y se sirven acompañadas por el mojo picón, que podemos poner en una salsera o en pequeños cuencos individuales.

Boniatos al vapor

En la mayor parte de sitios los boniatos sólo suelen cocinarse al horno o a la brasa. Pero también podemos cocerlos al vapor, con piel, cual si fueran patatas. También se pueden utilizar como sustituto de éstas en numerosos platos, obteniendo así nuevos y sorprendentes sabores.

Una vez cocidos, se pueden comer simplemente partiéndolos por la mitad y usando una cucharilla de postre, sin necesidad de ningún tipo de aliño o condimento, disfrutando de su agradable y dulce sabor.

Patatas rellenas

INGREDIENTES PARA 4 PERSONAS

4 patatas grandes – 1 calabacín pequeño
1 pimiento rojo pequeño – 150 g de champiñones
orégano – aceite de oliva – pan rallado
pimienta – sal
para la decoración: 1 tomate, unas hojas de lechuga,
col lombarda y perejil fresco

ELABORACIÓN

Lavar bien las patatas y cocerlas, enteras y con piel, al vapor. Una vez cocidas, se dejan enfriar un poco, se parten longitudinalmente por la mitad y las vaciamos con una cuchara, cuidando de que queden formadas como unas barquetas, de medio centímetro de grosor, aproximadamente. Reservar la patata que hemos sacado.

En una sartén, ponemos tres cucharadas de aceite, en el que sofreímos lentamente los champiñones, con el calabacín (sin pelar) y el pimiento rojo, que habremos cortado a trozos pequeños. Aderezamos con sal, pimienta y orégano, y cocemos durante unos diez minutos, al término de los cuales añadiremos la parte de las patatas que hemos sacado. Removemos bien, rectificando, si es necesario, la sazón.

Con ayuda de una cuchara sopera, rellenamos las patatas, que después espolvorearemos con pan rallado. Las colocamos en una fuente para ir al horno y gratinamos bien.

Mientras se gratinan, preparamos los platos, colocando un fondo de juliana de lechuga y col lombarda y disponiendo medias rodajas de tomate a su alrededor. Cuando las patatas estén a punto, colocamos dos mitades en cada plato y las adornamos poniendo una ramita de perejil encima de cada una.

Patatas rellenas de col

INGREDIENTES PARA 4 PERSONAS

4 patatas grandes – 2 hojas de col lombarda
2 hojas de col blanca – 2 zanahorias – 1 cebolla grande
una pizca de tomillo – una pizca de romero – aceite de oliva
pimienta – sal
para la decoración: 2 endibias
y un puñado de aceitunas negras

ELABORACIÓN

Lavar bien las patatas y cocerlas, enteras y con piel, al vapor. Cuando estén frías, las cortamos longitudinalmente por la mitad y, con ayuda de una cuchara sopera, las vaciamos, dejando las cáscaras con un grosor de unos tres milímetros, aproximadamente. Con la pulpa que hemos sacado, hacemos un puré chafando con un tenedor.

Mientras se cuecen las patatas, en una sartén, preparamos un sofrito con la cebolla, unas tres cucharadas de aceite de oliva, las hierbas, la sal y la pimienta. Cuando la cebolla esté transparente, la retiramos del fuego, añadimos el puré de patata y las zanahorias y las hojas de col, ralladas. Mezclamos todo bien, sofreímos muy ligeramente durante un par de minutos, rectificamos la sazón y rellenamos las cáscaras de las patatas con la mezcla.

Decoramos los platos formando una corona con hojas de endibia y con unas aceitunas negras, colocando dos mitades de patata en cada uno de ellos. Se pueden comer calientes o a temperatura ambiente. Si las encontramos demasiado secas, podemos suavizarlas con alguna salsa, como la de almendras o la de setas.

Patatas al horno

INGREDIENTES PARA 4 PERSONAS

8 patatas medianas – aceite de oliva
hierbas aromáticas en abundancia
(tomillo, perejil, orégano, albahaca, romero...)
pimienta – sal

Elaboración

Lavar, pelar y cortar las patatas a dados. Colocarlas en una fuente para horno y aliñar con abundante aceite de oliva, sal, pimienta y las hierbas que prefiramos.

Cocer, sin cubrir, durante unos treinta a cuarenta y cinco minutos (dependiendo del tipo de horno), hasta que veamos que están doradas.

Es un plato supersencillo pero muy sabroso, que no necesita de ningún acompañamiento o aderezo más.

VI

LEGUMBRES

Croquetas de garbanzos

INGREDIENTES PARA 4 PERSONAS

500 g de garbanzos cocidos – 1 vaso de leche vegetal
harina integral – pan rallado – aceite
pimienta – sal

ELABORACIÓN

Hacer un puré con los garbanzos. Luego, en una sartén echamos un poco de aceite, la leche vegetal, el puré de garbanzos, un par de cucharadas de harina integral y salpimentamos al gusto (algunas personas pueden preferir usar alguna especia, como comino molido o nuez moscada, pero, como ya se ha dicho, y desde el punto de vista de la salud, en principio se desaconseja el uso de las especias, aunque, si no abusamos de ellas, pueden dar un punto interesante al sabor de los platos). Se cuece, removiendo constantemente, hasta lograr una masa muy espesa. Dejamos enfriar. Cuando esté frío, cogemos pequeñas porciones de la masa, formando croquetas o bolitas con ella, las pasamos por el pan rallado. Freímos y servimos caliente.

Este plato, en vez de los garbanzos, también se puede hacer con zanahorias o espinacas.

Empedrat

Este plato es una ensalada típica catalana. A pesar de llamarlo «ensalada» debe utilizarse como segundo plato o como plato único, puesto que el ingrediente principal lo constituyen las alubias secas, las cuales no combinan bien con otros alimentos concentrados (cereales, patatas, otras legumbres...).

INGREDIENTES POR COMENSAL

1 taza de alubias blancas cocidas – 1 tomate maduro mediano
aceitunas negras – ¼ de pimiento rojo – aceite de oliva

Tradicionalmente, también se añade un poco de cebolla cruda, pero, por los motivos ya expuestos, no la recomendamos. De todos modos, aquellas personas que no deseen renunciar a su sabor, pueden añadir una pequeña cantidad.

ELABORACIÓN

En un bol de ensalada, echar las alubias, las aceitunas y el resto de los ingredientes, cortados a trozos pequeños. Aliñamos con aceite de oliva y salpimentamos al gusto.

Se come frío (a temperatura ambiente).

Potaje de legumbres

INGREDIENTES PARA 4 PERSONAS

300 g de legumbre seca cruda (lentejas, azuki, soja, garbanzos o alubias), que habremos puesto a remojo por lo menos durante seis horas
1 cebolla grande – 2 dientes de ajo – 1 copita de jerez
1 taza de puré de tomate crudo – 2 pimientos verdes
1 ½ l de caldo vegetal o agua
2 cucharadas soperas de aceite de oliva – tomillo
romero – perejil – pimienta – sal

ELABORACIÓN

En una cazuela de barro, echamos el aceite de oliva y el ajo y la cebolla finamente cortados. Sofreímos suavemente, hasta que adquiera un tono dorado. A continuación, añadimos el puré de tomate, los pimientos cortados a trozos pequeños y las hierbas. Cocemos durante diez minutos. Incorporamos el caldo, el jerez y las legumbres, y lo ponemos a fuego medio hasta finalizar la cocción (el tiempo varía según el tipo de legumbre que utilicemos).

Ensalada de lentejas

INGREDIENTES PARA 4 PERSONAS

400 g de lentejas cocidas – 1 pimiento verde
3 tomates grandes, maduros pero firmes
¼ de cebolla – 1 pepino

ELABORACIÓN

En una ensaladera, ponemos las lentejas y el resto de los ingredientes, cortados a trozos pequeños. Lo mezclamos bien y ya tenemos el plato a punto.

Podemos servir la ensalada directamente en el cuenco o bien usando cuencos individuales, que adornaremos con una hoja de hierbabuena fresca o una ramita de hinojo.

Para el aliño bastará un poco de aceite de oliva, aunque también podemos emplear salsa mahonesa o salsa tártara.

Judías con escalivada

Ingredientes para 4 personas

600 g de judías blancas cocidas – 1 tomate grande, maduro
escalivada (véase la receta en el apartado de verduras de «Cocina vegana»)

Elaboración

En una fuente de servir dispondremos la escalivada a todo su alrededor, colocando en el centro las judías blancas junto con el tomate cortado a dados, bien mezclado.

Aliñamos con aceite de oliva.

Lentejas estofadas

Ingredientes para 4 personas

250 g de lentejas, previamente remojadas – 2 cebollas grandes
2 dientes de ajo – 2 zanahorias – 2 troncos de apio
1 hoja de laurel – 1 ½ l de agua o caldo de verduras
aceite de oliva – 1 copita de brandy
pimienta – sal

ELABORACIÓN

En una olla, hacer un sofrito con un vasito de aceite y las cebollas y los ajos. Cuando estén dorados, añadimos el agua, el brandy, las lentejas y el laurel. Sazonamos y cocemos durante unos veinte minutos, a fuego suave y tapado. Luego, incorporamos las zanahorias y el apio, cortados a trozos pequeños, y cocemos durante quince minutos más o hasta que veamos que las lentejas están tiernas.

Lentejas a la tía Pepa

INGREDIENTES PARA 4 PERSONAS

600 g de lentejas cocidas – 1 vasito de vino blanco
½ vasito de aceite de oliva virgen – ajo – perejil

ELABORACIÓN

En una cazuela echamos el aceite y el vino, junto con una abundante picada de ajo y perejil, y las lentejas. Removemos con cuidado, a fin de no estropear las lentejas, y dejamos cocer no más de cinco minutos.

Judías a la plancha

INGREDIENTES PARA 4 PERSONAS

600 g de judías blancas cocidas – aceite de oliva
hierbas provenzales – pimienta

ELABORACIÓN

En una sartén, con muy poco aceite, saltear las judías con la pimienta y las hierbas hasta que tengan un tono dorado.

Garbanzos con ajo

INGREDIENTES PARA 4 PERSONAS

600 g de garbanzos cocidos – 6 dientes de ajo
aceite de oliva

ELABORACIÓN

Saltear los garbanzos junto con los ajos, hasta que éstos estén dorados, y servir. Es mejor utilizar garbanzos cocidos en casa, puesto que los de bote suelen saltar y salpicar mucho (aparte de otras consideraciones acerca de la salud, etcétera).

Aunque no necesitan ningún aliño más, también quedan muy sabrosos con mahonesa.

Garbanzos estofados

INGREDIENTES PARA 4 PERSONAS

250 g de garbanzos crudos, previamente remojados
2 calabacines – 2 zanahorias – 1 cebolla
1 hoja de laurel – espinacas – 1 ½ l de agua
aceite de oliva – pimienta – sal

ELABORACIÓN

En una olla, se pone un vasito de aceite de oliva y se sofríe la cebolla con el laurel hasta que esté dorada. A continuación, añadimos el agua y los garbanzos, sazonamos y tapamos la olla, dejando cocer a fuego medio durante media hora.

Transcurrido este tiempo, destapamos y agregamos los calabacines, cortados a tacos y sin pelar, las zanahorias, cortadas a rodajas, y las espinacas. Dejamos cocer durante media hora más, hasta que los garbanzos estén tiernos. Hay que ir removiendo de vez en cuando, para que no se pegue y la cocción sea uniforme. Si al finalizar la cocción vemos que ha quedado demasiado líquido, retiraremos y reservaremos (para otra ocasión) el caldo sobrante. Si por el contrario, ha quedado demasiado espeso, añadiremos un poco de caldo o de agua.

Ensalada de garbanzos con maíz

INGREDIENTES PARA 4 PERSONAS

400 g de garbanzos cocidos – 300 g de maíz cocido
1 pimiento rojo – 3 endibias – el zumo de 1 limón
finas hierbas – aceite de oliva virgen

ELABORACIÓN

Cortar las endibias en aros y el pimiento rojo a tacos pequeños. Echarlos en una ensaladera y añadir los garbanzos y el maíz. Se aliña con el aceite, el zumo y las finas hierbas.

Podemos decorar la ensalada simplemente disponiendo algunas rodajas de limón por encima, y con una ramita de perejil o de romero.

Habas estofadas

INGREDIENTES PARA 4 PERSONAS

1 kg de habas frescas – ½ kg de guisantes frescos
1 cebolla – 2 dientes de ajo – 1 ramita de menta fresca
1 zanahoria – 2 cucharadas de harina de algarroba
2 vasos de agua o de caldo de verduras – aceite de oliva
pimienta – sal

Elaboración

En una cazuela de barro echamos un vasito de aceite, en el que doramos un picadillo de cebolla y ajo. Añadir la menta y el resto de los ingredientes, y cocerlo todo junto, removiendo de vez en cuando, unos treinta minutos.

Garbanzos con espinacas

Ingredientes para 4 personas

500 g de garbanzos cocidos – 500 g de espinacas cocidas
1 cebolla – aceite de oliva
para la decoración: unos tacos de patatas fritas

Elaboración

En una cazuela con tres cucharadas de aceite sofreír la cebolla, que habremos cortado a trozos pequeños. Cuando esté transparente, añadiremos los garbanzos y las espinacas, que saltearemos durante cinco minutos. Al finalizar la cocción, y justo antes de servir, agregaremos unos tacos recién fritos de patatas.

VII

SETAS

Champiñones al ajillo

INGREDIENTES

100 g de champiñones por persona – ajo
perejil – aceite de oliva – pimienta (optativo) – sal

ELABORACIÓN

Lavar y cortar a láminas los champiñones, y ponerlos en un cazo al fuego no demasiado vivo. Hay que ir removiéndolos hasta que el agua que sueltan se haya evaporado completamente. Entonces se añade una picada de ajo y perejil, y se apaga el fuego. Aliñar con aceite de oliva.

Champiñones rellenos

INGREDIENTES

4 o 5 champiñones grandes por persona – ajo y perejil
pan rallado – aceite – pimienta – sal

ELABORACIÓN

Limpiar bien los champiñones. Una vez limpios, cortamos el pie de los champiñones en trozos muy pequeños y reservamos la seta. Del mismo modo, cortamos finamente los ajos y el perejil, lo mezclamos con los pies troceados y aliñamos la mezcla con un poco de aceite, sal y pimienta. Rellenamos los champiñones con esta mezcla.

Para que la receta resulte más sana, podemos cocer los champiñones al vapor.

Otra opción es cocerlos al horno y gratinarlos con un poco de pan rallado.

Setas a la plancha o a la brasa

INGREDIENTES POR PERSONA

200 g de setas, variadas, de temporada

Elaboración

Lavar las setas y, si es necesario, cortarlas a láminas, de manera que al hacerlas a la plancha puedan cocerse bien. Se calienta la plancha y, luego, sin ponerle aceite ni ningún otro tipo de grasa, se cuecen las setas. Cuando estén hechas por ambos lados, se retiran de la plancha y se pasan al plato o a una fuente de servir. Se pueden aderezar con hierbas, ajo y perejil, sal, o, simplemente, con un chorrito de aceite de oliva virgen biológico, de primera presión en frío.

Para hacerlas a la brasa, el procedimiento es exactamente el mismo, pero se cuecen encima de la parrilla, en vez de utilizar la plancha. En este caso, las láminas o trozos de seta pueden ser algo más gruesos.

Revuelto de setas con ajos tiernos

Ingredientes para 4 personas

800 g de setas de temporada (o champiñones)
2 manojos de ajos tiernos – aceite de oliva
pimienta – sal

Elaboración

Una vez limpias y troceadas, colocaremos las setas en una cazuela sin agua, y las coceremos hasta que se consuma toda el agua que éstas hayan soltado. Reservamos.

Aparte, saltearemos ligeramente en una sartén (cuidando de no usar demasiado aceite), los ajos tiernos partidos a trozos regulares, durante unos cinco minutos. A continuación, mezclaremos los ajos con las setas, aderezamos, y ya está a punto para servir.

Estofado de setas con guisantes

INGREDIENTES PARA 4 PERSONAS

1 kg de setas variadas – 1 cebolla
300 g de guisantes frescos – ajo – perejil
aceite de oliva – 1 ramita de romero fresco
1 vasito de vino blanco – pimienta – sal

ELABORACIÓN

En una cazuela de barro ponemos un vasito de aceite, en el cual rehogaremos la cebolla finamente picada hasta que esté dorada. Añadimos los guisantes, la ramita de romero, las setas (cortadas o enteras, según sea su tamaño) y el vino. Removemos y dejamos cocer unos diez minutos, con la cazuela destapada para que se evapore el exceso de líquido. A continuación, retiramos el romero, rectificamos la sazón y agregamos un picadillo de ajo y perejil. Dejamos cocer cinco minutos más (o más, si vemos que los guisantes todavía no están bien cocidos).

VIII

PATÉS

Los patés no sólo nos sirven para untar las consabidas tostadas, sino que también lo podemos untar en hojas de endibia, rodajas de pepino o usar para mojar en él palitos de apio o zanahoria.

Además, hoy existen en el mercado gran variedad de galletitas, tostaditas y bastoncitos, integrales o no, con o sin sal, que, untados con los patés, pueden hacer las delicias de los comensales.

Paté de avellanas

Ingredientes

200 g de avellanas tostadas
150 g de aceitunas negras, deshuesadas
2 cucharadas de margarina vegetal

ELABORACIÓN

En la batidora, picaremos muy finamente las avellanas hasta que queden bien molidas. A continuación, añadimos las aceitunas y la margarina, batimos todo bien hasta obtener un paté espeso y, si es necesario, rectificamos la sazón.

Paté de pimiento rojo

INGREDIENTES

1 pimiento rojo grande
100 g de aceitunas negras, deshuesadas – 1 berenjena grande

ELABORACIÓN

Podemos hacer un sofrito suave con el pimiento y la berenjena o bien cocerlas al vapor (siempre resultará más sano). Sea como sea, una vez cocidos ambos ingredientes y escurrido el exceso de líquido, los pasamos al vaso de la batidora, añadimos las aceitunas y trituramos hasta obtener una pasta espesa.

Colocamos el paté resultante en un cuenco pequeño, adornamos con un poco de ralladura de corteza de naranja, y ya lo tenemos listo para consumir.

Paté de guisantes con aguacate

Ingredientes

250 g de guisantes cocidos
1 aguacate grande, maduro
pimienta negra – sal

Elaboración

Triturar juntos todos los ingredientes y colocarlos en un bol para servir. Adornamos con una rodaja fina de limón.

Paté de lentejas

Ingredientes

200 g de lentejas cocidas – 1 zanahoria grande
1 cebolla grande – un poco de tomillo – aceite de oliva
pimienta – sal

Elaboración

En una sartén, ponemos un par de cucharadas soperas de aceite de oliva y procedemos a sofreír suavemente la cebolla y la zanahoria con el tomillo. Una vez hecho, retiramos con una cuchara el resto del aceite, lo echamos todo en el vaso de la batidora, añadimos las lentejas, aderezamos al gusto y lo trituramos bien todo hasta que quede un paté homogéneo.

Lo pasamos a un bol, y lo adornamos con unas rodajas finas de pepino crudo o con rodajitas de pepinillo.

Paté de calabaza

INGREDIENTES

200 g de calabaza (aprox.) – 1 zanahoria grande
1 cebolla – 2 dientes de ajo – aceite de oliva
pimienta – sal

ELABORACIÓN

En una sartén, ponemos un par de cucharadas de aceite y sofreímos la cebolla y el ajo. Cuando estén dorados, añadimos la calabaza y la cebolla cortadas a trozos no muy grandes, y seguimos la cocción unos diez minutos más. Sazonamos, retiramos el exceso de aceite y líquido (si lo hubiera), y trituramos bien todos los ingredientes hasta conseguir el paté deseado.

Lo pasamos a un bol y lo adornamos con una ramita de perejil y un par de aceitunas negras.

Paté de champiñones

INGREDIENTES

300 g de champiñones – 2 cebollas grandes
2 dientes de ajo – aceite – pimienta – sal

ELABORACIÓN

Hacer un sofrito con las cebollas y los ajos, y cuando estén transparentes, añadimos los champiñones cortados por la mitad. Cocemos hasta que se haya evaporado todo el líquido que suelten los champiñones. Sazonamos al gusto, apartamos del fuego y trituramos bien hasta conseguir el paté.

Lo podemos decorar con unas láminas finas de champiñones crudos y unas hojitas de perejil fresco.

Paté de setas y berenjenas

INGREDIENTES

200 g de setas – 1 berenjena grande – 1 cebolla grande
1 diente de ajo – aceite de oliva – pimienta – ajo

ELABORACIÓN

Hacer un sofrito con la cebolla. Cuando esté doradita, añadimos la berenjena cortada a dados (no es necesario pelarla) y las setas (cortadas o no, dependiendo de su tamaño). Aderezamos al gusto y dejamos cocer hasta que se haya evaporado todo el líquido que sueltan las setas. Retiramos del fuego y trituramos bien hasta obtener una masa espesa.

Pasamos el paté a un bol y decoramos espolvoreando por encima el diente de ajo finamente picado.

Paté de garbanzos y aguacate

Ingredientes

200 g de garbanzos cocidos – 1 aguacate grande, maduro
una pizca de cominos molidos – pimienta – sal

Elaboración

Ponemos todos los ingredientes en el vaso de la batidora y trituramos a fondo hasta obtener el paté.

Lo pasamos a un bol y adornamos con unas hojas frescas de menta y unas rodajas de fresón.

Paté de berenjenas

INGREDIENTES

1 berenjena grande – 1 cebolla grande
300 g de lentejas cocidas – aceite de oliva – pimienta – sal

ELABORACIÓN

Sofreír suavemente la cebolla, hasta que esté dorada. Añadimos la berenjena a dados (no es necesario pelarla) y cocemos todo junto hasta que la berenjena esté hecha. Apartamos del fuego y vertemos el sofrito en el vaso de la batidora, no sin antes haber retirado el exceso de aceite o líquido. Agregamos las lentejas, sazonamos al gusto y batimos bien hasta conseguir una masa homogénea.

Lo pasamos a un bol y adornamos con unas uvas pasas y un par de almendras tostadas cortadas a trocitos.

Paté de zanahorias

INGREDIENTES

3 zanahorias grandes – 2 cebollas grandes – 1 hoja de laurel
aceite de oliva – pimienta – sal

Elaboración

Hacer un sofrito con todos los ingredientes. Cuando esté hecho, se retira el laurel y el exceso de líquido (si lo hubiese), y se bate hasta conseguir un paté suave.

Se puede adornar con unas aceitunas negras, que colocaremos por encima.

IX

PLATOS COMBINADOS

A continuación, doy unas ideas para confeccionar platos combinados. Resulta una manera útil de «reciclar» los restos de comida sobrante y constituye una variante en el modo de comer habitual. También es una manera de confeccionar una cena imprevista, que quedará divertida y original.

Para ello, precisamos unas bandejas ovaladas, no muy grandes, para uso individual, o bien platos individuales pero suficientemente grandes como para acoger todo el alimento que una persona necesita en una comida.

Ante todo, y como siempre, tener en cuenta que la forma de presentar un plato es importante a la hora de empezar una comida con agrado e ilusión. Por lo tanto, dejad correr la fantasía, improvisad y poned a trabajar vuestro sentido artístico.

1. Zanahoria rallada, una patata hervida con piel (entera), guisantes al vapor y puerros a la plancha.

2. Acelgas al vapor, pimiento rojo crudo, cortado en juliana, media berenjena rellena y cebolla rebozada.

3. Lechuga, brotes de soja, judías tiernas al vapor, pimiento asado al horno y patatas al vapor.

4. Judías blancas estofadas con verduras, tomates crudos y aceitunas negras.

5. Endibias glaseadas, endibias crudas, col lombarda cruda, cortada en juliana, y garbanzos.

6. Pimiento rojo crudo, rodajas de calabacín, rodajas de berenjena a la plancha y lentejas.

7. Maíz al vapor, habas estofadas, arroz integral, escarola y tomate.

8. Espinacas al vapor, arroz integral, una zanahoria rallada y unas aceitunas verdes rellenas con pimiento.

9. Una patata cocida con piel (entera), menestra de verduras, espárragos a la plancha y un montoncito de salsa tártara.

10. Escalivada, judías blancas, judías tiernas a la plancha, 2 hojas de lechuga a trozos, un poco de salsa romesco en un bol, o en una esquina del plato.

11. Calabacín a la plancha, zanahoria a rodajas y patatas fritas.

12. Setas de cardo a la plancha, zanahoria a la plancha, tomates crudos, una endibia a rodajas y unas aceitunas verdes.

13. Lechuga en juliana, una rama de apio cortada en tronquitos, zanahoria rallada y espárragos a la plancha.

14. Endibias y puerros a la plancha, judías blancas a la plancha y tomates.

15. Dos tomates al horno, col lombarda cruda, cortada en juliana, unos guisantes al vapor y escarola.

16. Puré de patatas, alcachofas «cri-cri», tomate crudo y aceitunas negras

X

SALSAS Y ALIÑOS

La mayor parte de las salsas se hacen con especias, pimienta, ajos crudos y sal. Todos estos ingredientes, tal como ya he dicho en la introducción, no son recomendables para la salud. Sin embargo, he querido respetar al máximo las recetas originales, aunque recomiendo reducirlos o evitarlos al máximo.

Bechamel

INGREDIENTES

leche vegetal – aceite de oliva – harina integral
nuez moscada – sal (opcional)

ELABORACIÓN

En una sartén con un poquito de aceite, poner la harina y tostarla ligeramente, añadiendo una pizca de nuez moscada. Luego, poco a poco, vamos incorporando la leche, removiendo bien para evitar que se formen grumos. Echar la cantidad de leche deseada para obtener una bechamel más o menos espesa, según el gusto o el uso que le vayamos a dar.

Salsa de aguacate a las hierbas

INGREDIENTES PARA 6 PERSONAS

2 aguacates maduros – 1 manojo de berros
1 ramita de albahaca fresca – 1 ramita de perejil
1 ramita de perifollo – 2 ramas de estragón
1 vaso de caldo de verduras – 1 vaso de vino blanco seco
2 cucharadas de leche vegetal – 1 limón
pimienta – sal
(si no disponemos de todas las hierbas, podemos omitir alguna e incluso cambiarla por otra de nuestra preferencia)

ELABORACIÓN

Se pican muy finamente el perejil y el perifollo. Separamos las hojas del estragón y la albahaca. Ponemos el vino blanco en un cazo, añadiendo las hierbas y las hojas de los berros, y cocemos a fuego suave durante cinco minutos. Batimos hasta obtener una mezcla espumosa. Partimos los aguacates, sacamos el hueso y vaciamos las cáscaras. Mezclamos la pulpa con el zumo de medio limón y la crema de hierbas, el caldo y la leche. Salpimentamos al gusto, y ya está a punto para consumir.

Esta salsa es ideal para consumir por ejemplo con palitos de zanahoria cruda u hojas de endibia, que mojaremos directamente en ella.

Salsa romesco

Ingredientes

250 g de avellanas tostadas y peladas
500 g de almendras tostadas y peladas
10 ajos cocidos y pelados – 3 rebanaditas de pan tostado
6 ñoras (pimientos secos) puestas previamente a remojo
1 bicho – 1 ramita de perejil
500 g de tomates cocidos y pelados
1 cucharada de pimentón – 1 vasito de vinagre
1 vasito de aceite – pimienta negra – sal

Elaboración

Batir todos los ingredientes juntos.

Esta salsa es la que acompaña al típico plato catalán de los calçots, que son unas cebolletas cocidas a la brasa. Resulta igualmente ideal para acompañar ensaladas y verduras hechas a la brasa o a la plancha.

También es la base principal de una ensalada catalana, el xató, típica de la zona de Vilanova i la Geltrú.

Salsa siciliana picante

Ingredientes

tomate natural, pelado – puré de tomate – aceite de oliva
aceitunas negras – alcaparras – zanahoria
cebolla – ajo – pimienta – sal

Elaboración

Deshuesar las aceitunas y cortarlas finamente, junto con las alcaparras. Reservar. Se baten bien el resto de los ingredientes, y se cuecen durante diez minutos. A continuación, se añaden las aceitunas y las alcaparras, y se cuece todo cinco minutos más.

Salsa tártara

Ingredientes para 4 personas

1 taza de salsa mahonesa
1 cucharada de vinagre o de zumo de limón
1 cucharadita de mostaza
1 cucharada de cebolla cruda, finamente picada

1 pepinillo a la vinagreta, finamente picado
1 cucharada de alcaparras
16 aceitunas deshuesadas, finamente picadas
pimienta blanca

ELABORACIÓN

En un bol, mezclar todos los ingredientes con un tenedor.

Se puede utilizar en ensaladas y verduras gratinadas, a la plancha o a la brasa.

Mahonesa

INGREDIENTES

leche de soja – aceite de oliva
sal

ELABORACIÓN

Se prepara como una mahonesa convencional, pero sin huevo. Se vierte una pequeña cantidad de leche de soja en el vaso de la batidora, añadiendo sal o hierbas al gusto (no es imprescindible) y el aceite. Con la batidora iremos ligando la salsa y añadiendo aceite, lentamente, hasta que se espese.

Salsa de almendras

INGREDIENTES

150 g de almendras crudas y peladas – 1 cebolla
1 vaso de caldo de verduras – aceite de oliva
nuez moscada – pimienta – sal

ELABORACIÓN

En una sartén, hacer un sofrito muy suave con el aceite y la cebolla. Cuando esté transparente, retiramos del fuego y lo echamos en el vaso de la batidora. Se añaden las almendras molidas, el caldo, la sal, la pimienta y la nuez moscada (poca, para que no domine demasiado su sabor), se bate a conciencia hasta obtener una salsa homogénea y muy fina.

Salsa de mostaza

INGREDIENTES

1 vaso de leche vegetal
3 cucharadas de mostaza de estragón en grano
1 cucharada de vinagre de manzana
3 cucharadas de aceite de oliva virgen
1 cucharada de alcaparras – pimienta – sal

Elaboración

Poner todos los ingredientes juntos en un bol y mezclarlos a mano, con la ayuda de una varilla o un tenedor.

Salsa de setas

Ingredientes

100 g de champiñones (u otras setas que tengamos a mano)
1 cebolla – 1 diente de ajo – 4 cucharadas de aceite de oliva
1 cucharada de salsa de soja – 1 vasito de vino blanco
1 hoja de laurel – pimienta

Elaboración

Cortar la cebolla y el ajo finamente, y sofreímos hasta que empiecen a tomar un color dorado. A continuación, añadimos el resto de los ingredientes y lo dejamos cocer todo junto de diez a quince minutos.

Retiramos la hoja de laurel y pasamos la salsa por la batidora. En el caso de que haya quedado demasiado espesa, podemos echar un poco de agua, caldo de verduras o incluso un poco de leche vegetal. Rectificamos la sazón, y ya está a punto de servir.

Esta salsa liga muy bien con platos de pasta, aunque también es apropiada para muchos platos de verduras.

Chanfaina

Receta típica catalana, que tiene bastante que ver con el pisto.

INGREDIENTES

2 cebollas – 2 pimientos rojos
2 tomates grandes, bien maduros – 1 berenjena grande
1 cucharadita de azúcar integral – aceite de oliva
pimienta – sal

ELABORACIÓN

Se pelan y se cortan a trozos pequeños las cebollas, que doraremos, a ser posible en una cazuela de barro. Cuando estén a punto, añadiremos el resto de los ingredientes, cortados a dados (las berenjenas, sin pelar). Aderezamos, agregamos el azúcar, tapamos y dejamos cocer unos quince minutos, removiendo de vez en cuando para evitar que se pegue en el fondo de la cazuela. Si vemos que tiende a espesar demasiado, echaremos un poquitín de agua o caldo de verduras.

Es un buen acompañante para platos de pasta, arroz o patatas.

Sofrito de tomate

Ingredientes

1 kg de tomates maduros – 1 cebolla – 3 dientes de ajo
1 vasito de vino blanco – 1 vasito de caldo de verduras
1 hoja de laurel – 4 cucharadas de aceite de oliva
1 cucharadita de postre de azúcar integral
pimienta – sal

Elaboración

Poner el aceite en una cazuela y añadir la cebolla y los ajos cortados muy finos. Removemos hasta que el sofrito haya tomado un tono dorado. A continuación, agregamos los tomates rallados y el resto de los ingredientes, y cocemos destapado unos veinte o veinticinco minutos, removiendo de vez en cuando para evitar que se pegue.

Podemos variar su sabor, cambiando las hierbas que utilizamos para su condimentación, añadiendo zumo de limón, una picada de almendras, unas aceitunas o unas alcaparras. Como siempre, dejar volar la imaginación y aprovechar los ingredientes que tengamos más a mano, o las sobras de una comida anterior. Los resultados son siempre sorprendentes, y ¡muy apetitosos!

XI

POSTRES

Las recetas de repostería que doy a continuación han sido adaptadas a partir de recetas que, tradicionalmente, se hacen con mantequilla, leche y huevos, junto con harina y azúcar blancos. Aquí he procurado sustituir todos los ingredientes de origen animal por otros de origen vegetal. Sin embargo, no se aconseja el uso de margarina, por tratarse de una grasa nada recomendable para la salud. En su lugar, emplearemos aceite de oliva virgen, biológico, de primera presión en frío. No obstante, como que éste posee un fuerte y característico sabor, puede sustituirse por algún aceite de semillas, mucho más suave al paladar.

De todos modos, hay que tener presente que, dentro de una alimentación verdaderamente sana, la repostería no tiene un lugar demasiado correcto, puesto que suele contener una serie de alimentos mal combinados. Al hablar de una forma de comer más racional y acorde con nuestra naturaleza, tenemos que ir olvidándonos del tradicional concepto de primer plato, segundo plato y postre.

Sin embargo, para todas aquellas personas que quieren seguir disfrutando de la preparación y degustación de la repostería, a continuación vienen unas cuantas sugerencias, que siempre serán mucho más sanas y digeribles que la repostería tradicional. Además, animo a los lectores a probar con sus recetas, cambiando los ingredientes de origen animal por otros vegetales y los productos refinados por los integrales.

Finalmente, un consejo: si tiene interés en su salud, recomiendo que consuma la repostería como segundo plato, constituyendo el primero un buen plato de verduras crudas, a fin de facilitar la digestión de los alimentos.

Bizcocho

INGREDIENTES

1 cucharada de bicarbonato – 1 tacita de leche vegetal
3 tacitas de harina integral – 2 ½ tacitas de azúcar integral
1 tacita de aceite – 1 sobre de levadura

ELABORACIÓN

Preparar el molde del pastel untándolo con aceite y espolvoreándolo con harina. Mezclar bien todos los ingredientes, rellenar el molde y cocer en el horno.

A la masa se le puede añadir la ralladura de un limón o un poco de vainilla, para variar un poco el sabor.

El bizcocho se puede consumir tal cual o bien utilizar como base para crear cualquier pastel, decorándolo con natillas de diversos sabores, mermelada o frutas.

Castañas en almíbar

Postre típico gallego.

INGREDIENTES

1 kg de castañas – ¾ kg de azúcar integral
1 l de agua (o un poco más) – una ramita de vainilla

ELABORACIÓN

Pelar las castañas y escaldarlas a fin de poder retirar la segunda piel con facilidad.

En una olla, ponemos el agua con el azúcar y la vainilla, y lo cocemos durante unos diez minutos, hasta que se forme el almíbar. Añadimos las castañas y seguimos la cocción a fuego lento, cinco minutos más.

Retiramos las castañas del almíbar y las dejamos enfriar. Seguidamente las volvemos a echar en el mismo almíbar y cocemos otros cinco minutos. Las retiramos, y vamos repitiendo el mismo procedimiento hasta que las castañas estén blandas.

Las podemos conservar en el propio almíbar, en tarros que cierren herméticamente.

Dulce de membrillo

INGREDIENTES

1 kg de membrillos – ¾ kg de azúcar integral
1 ramita de vainilla (opcional) – 1 limón – ½ litro de agua

ELABORACIÓN

Pelar y cortar la fruta a dados y cocerla con el medio litro de agua, el azúcar, unas gotas de limón y la vainilla durante unos cuarenta y cinco minutos, a fuego medio. Una vez finalizada la cocción, se bate y se sirve en un molde rectangular hasta que se enfríe.

Frutas hervidas

INGREDIENTES

membrillo – melocotón – manzana
pera – zumo de naranja natural – fruta desecada
(higos, orejones...) – azúcar – agua o vino

ELABORACIÓN

Se cortan las frutas a trozos grandes y se ponen en una olla con el zumo de naranja, el azúcar, y el vino, y se cubre con agua. Se puede añadir una piel de limón y de naranja, canela y una pizca de nuez moscada. Se cuece hasta que las frutas estén blandas. Servir frío en copas individuales agregando, si es menester, un poco más de zumo.

Helado con melocotón

INGREDIENTES PARA 6 PERSONAS

1 kg de melocotones – 1 limón grande
100 g de azúcar integral en terrones – 1 vaso de agua
1 vaso de vino blanco dulce – ½ vaso de leche vegetal
1 ramita de menta

PARA LA SALSA

3 kiwis – 1 limón

ELABORACIÓN

Se pelan y baten los melocotones hasta obtener un puré fino, se añade el zumo del limón y el vino blanco, y se baten bien todos los ingredientes.

Aparte, ponemos el azúcar con el agua en un cazo, a fuego medio, hasta obtener un almíbar, que echaremos encima del puré de melocotones removiendo la masa suavemente. A continuación, se agrega la leche vegetal, sin dejar de batir, procurando que la mezcla quede espumosa. Introducimos la masa en el congelador durante dos horas, removiéndola de vez en cuando con un tenedor a fin de que no forme cristales.

Cuando el helado está a punto, se forman unas bolas con el mismo, que serviremos en copas individuales, rociándolas con la salsa que obtendremos de batir los kiwis con el zumo de limón (colándola) y decorando con una hojita de menta, unas galletitas o una guinda.

Manzanas al horno

Ingredientes

1 manzana por comensal – 1 cucharadita de avellanas ralladas
1 cucharadita de azúcar integral – el zumo de 1 naranja
o de 1 limón – 1 copita de jerez o de algún vino dulce
canela en polvo

Elaboración

Lavar las manzanas y sacarles el corazón.

Mezclar el resto de los ingredientes y rellenar el hueco dejado por el corazón de la manzana con la masa obtenida. Espolvoreamos con un poco de canela y se cuece al horno muy caliente unos veinte minutos. Dejamos enfriar, y ya está listo para servir.

Naranjas a la crema

Ingredientes

1 naranja por persona – azúcar integral y licor al gusto – opcional: natillas, guindas, hojas de menta, limón

Elaboración

Cortamos por la mitad una naranja por comensal y se saca con cuidado la pulpa, a fin de que no se estropee la cáscara de la misma.

A continuación, cortaremos la pulpa a pequeños trozos, añadiendo azúcar integral y algún licor (kirsch, cointreau...) al gusto, y rellenaremos las medias cáscaras con la mezcla.

Podemos servirlo simplemente así, o bien agregar unas natillas por encima, decorando las naranjas con una guinda, una hojita de menta o una rodajita de limón

Naranjas quemadas

INGREDIENTES

½ naranja por comensal – azúcar integral

ELABORACIÓN

Pelar las naranjas y cortarlas en rodajas no demasiado finas. Poner una cucharada sopera de azúcar encima de cada rodaja y quemarlo con el hierro de quemar la crema catalana. Guardar en la nevera, y servir frío.

Panellets

Se trata de unos pastelillos de mazapán que, tradicionalmente, se preparan en Cataluña para el Día de Todos los Santos.

INGREDIENTES

PARA LA MASA BASE

azúcar integral, patata hervida y almendras crudas ralladas, a partes iguales.

PARA HACER LOS DISTINTOS TIPOS DE PANELLETS

piñones, fruta confitada, café instantáneo, almendras tostadas, coco rallado, etcétera

Elaboración

Mezclar bien los ingredientes de la masa base y luego formar bolitas con ella. Separaremos grupos de bolitas, que decoraremos según el sabor que queramos darles. Por ejemplo, para hacer panellets de piñones, rebozaremos las bolitas con piñones. Lo mismo con el coco (para hacerlo de una forma cómoda, utilizaremos un tarro de cristal con tapadera, dentro del cual habremos puesto los piñones o el coco rallado. A continuación, meteremos una bolita de masa, cerraremos el tarro, agitaremos bien y ya está la bolita rebozada). Se puede mezclar una parte de la masa con café instantáneo y formar bolitas con ella, decorándolas con un grano de café encima. Otras bolitas se pueden rellenar con fruta confitada, con una almendra tostada encima o con un trozo de membrillo en su interior.

Cuando los tengamos preparados, se ponen en una bandeja para horno, donde los coceremos, a fuego muy fuerte, unos seis o siete minutos.

Se dejan enfriar, y ya están listos para comer.

Pastissets

Éste es un plato típico de la zona del Delta del Ebro.

INGREDIENTES

½ kg de harina integral – ½ vaso de moscatel
¼ vaso de anís – ½ kg de cabello de ángel
un poco menos de un vaso de aceite

ELABORACIÓN

Mezclamos todos los ingredientes, excepto el cabello de ángel, formando una masa que luego cortaremos en obleas. Se rellenan las obleas con el cabello de ángel y se sellan presionando con un tenedor. Hecho esto, los colocamos en una bandeja para horno, espolvoreándolos con azúcar, y dejamos cocer unos ocho a diez minutos por debajo y unos momentos por encima.

Se comen fríos.

Se pueden guardar en una lata durante varios días, sin que pierdan su frescura y su sabor característicos.

Peras rellenas con dátiles y almendras

INGREDIENTES PARA 4 PERSONAS

4 peras grandes, maduras – 60 g de dátiles naturales, deshuesados – 40 g de almendras tostadas y peladas
1 cucharada de azúcar integral – 1 cucharada de jerez dulce
20 cucharadas de vino blanco

Elaboración

Cortamos la base de las peras para que se puedan mantener de pie. Se pelan y se corta la parte superior, a fin de vaciarles el corazón, reservando el trozo cortado para que después nos sirva de tapadera.

Picamos finamente los dátiles y las almendras, y los mezclamos con el azúcar y el jerez. Rellenamos las peras con la mezcla obtenida, tapándolas con la rodaja superior.

En una bandeja para horno, colocamos las peras junto con el vino blanco. Calentamos el horno a 180 °C, y las cocemos unos treinta minutos.

Se sirve recién hecho.

Plátanos escalivados

Ingredientes

4 plátanos – 5 naranjas – 1 limón
500 g de azúcar integral – 75 g de chocolate de algarroba
20 g de aceite – 1 chorrito de vino blanco
1 vasito de leche vegetal
1 copita de anís

Elaboración

En un cazo, poner el zumo de las naranjas y el limón, así como sus pieles ralladas, el vino blanco y el azúcar. Hervirlo todo junto hasta que quede reducido a la mitad.

En un cazo aparte, se funde el chocolate con el aceite y la leche vegetal. Mezclar bien. Cuando esté bien fundido, se añade la copita de anís, sin dejar de mover la mezcla.

A continuación, pelamos los plátanos, los envolvemos de uno en uno en papel de aluminio y los cocemos al rescoldo o al horno.

Una vez cocidos, los ponemos en una fuente o bien en platitos individuales, con un fondo de la mermelada de cítricos que hemos preparado y el chocolate por encima.

Plumb cake

Ingredientes

1 vasito (como los de yogur, por ejemplo) de salvado completo
1 vasito de pasas de Corinto – 1 vasito de azúcar integral
1 vasito de leche vegetal

Elaboración

Se ponen todos los ingredientes juntos, a macerar, por lo menos durante tres horas (lo podemos hacer por la noche y preparar el plumb cake por la mañana). Luego añadiremos un vasito de harina integral y un sobre de levadura. Se mezcla todo bien y se cuece en el horno a media temperatura durante treinta o cuarenta minutos.

Pudín de pan seco

Ingredientes

300 g de pan seco – 350 g de azúcar integral
300 g de fruta desecada (pasas, orejones, dátiles...)
o fruta confitada – ½ l de leche vegetal – canela
la piel de 1 limón – 1 vasito de aceite
1 cucharada sopera de bicarbonato
1 sobre de levadura

Elaboración

Desmenuzar el pan seco y añadir el aceite, el bicarbonato, la levadura y el azúcar. Aparte, ponemos la leche con el limón y la canela a hervir. Cuando hierva, lo añadimos al pan y batimos a conciencia. Luego se incorpora la fruta, se llena el molde (previamente preparado al efecto) con la masa y se cuece unos veinte minutos con el fuego por debajo, y otros veinte minutos, aproximadamente, con el grill.

Tarta de frutas

Ingredientes para la base

1 tubo de galletas María integrales – 1 tacita de leche vegetal
1 chorrito de aceite

Ingredientes para el relleno

2 vasos de leche vegetal – 4 cucharadas colmadas de harina integral – 8 cucharadas colmadas de azúcar integral

Ingredientes para la decoración

frutas del tiempo, de distintos colores
mermelada de albaricoque

Elaboración

Se forra el molde para tarta con la mezcla obtenida de triturar las galletas integrales con la leche vegetal y el chorrito de aceite. Cuidar de subir un poco la masa por las paredes del molde, a fin de poder contener luego todo el relleno. Pinchamos la masa por distintos sitios y dejamos cocer diez minutos en el horno.

Aparte, preparamos unas natillas espesas con la leche, la harina y el azúcar, y rellenamos la tarta con ellas. Cuando enfríen, decorar con rodajas de frutas (puede ser variada o una sola fruta, por ejemplo, fresones). A continuación, coceremos en un cazo tres cucharadas de agua, con tres cucharadas de azúcar y tres más de mermelada de albaricoque y, cuando la mezcla esté bien ligada, la utilizaremos como barniz para pintar la tarta.

Se sirve fría.

Tarta de manzana

INGREDIENTES

3 o 4 manzanas rojas
1 ½ vasito (como los de vino) de harina integral de trigo
1 vasito de azúcar integral – ¾ de vasito de leche vegetal (de soja, de arroz, horchata...) – 1 sobrecito de levadura
1 cucharada sopera de bicarbonato – la ralladura de 1 limón
¾ de vasito de aceite de oliva (si se desea, se puede utilizar un aceite de semillas, puesto que el aceite de oliva deja un fuerte sabor y puede no agradar a todos)
1 frasco de mermelada de albaricoque

ELABORACIÓN

En primer lugar, pondremos el horno a calentar al máximo. Mientras, prepararemos el molde para la tarta, untándolo con un poco de aceite y espolvoreando luego un poco de harina, para evitar que se nos pegue la masa.

A continuación, cortaremos las manzanas en cuatro trozos, sacándoles el corazón. No es necesario pelarlas, aunque esto es opcional. Partiremos las manzanas a láminas y, con la mitad de ellas, forraremos el molde.

Luego, batiremos bien todos los componentes de la masa (es muy importante que esté bien batido, aunque lo hagamos a mano, a fin de que la masa nos quede esponjosa) y, una vez obtenida ésta, la esparciremos por encima de las manzanas.

Distribuiremos el resto de las manzanas por encima de la masa, y ya podemos introducir la tarta en el horno. Deberá cocer cinco minutos a temperatura máxima y veinticinco minutos con el horno a 150 ºC. De todos modos, antes de finalizar la cocción, la comprobaremos pinchando la tarta con un palillo: si éste sale limpio, la tarta está ya cocida; si no, deberemos cocerla un poco más.

Sacar la tarta del horno y, sin dejarla enfriar, echarle por encima el medio frasco de mermelada de albaricoque.

Esta tarta es muy dulce, suave y jugosa.

Tomates dulces rellenos

INGREDIENTES PARA 6 PERSONAS

6 tomates grandes, maduros pero fuertes – 150 g de azúcar integral bien molido – 1 manzana cortada a dados – 6 nueces 10 almendras – 50 g de frambuesas 50 g de pasas de Corinto – 6 hojas de menta fresca el zumo de 2 limones

ELABORACIÓN

Hacemos un corte superficial, en forma de cruz, en la piel de los tomates, escaldándolos brevemente a continuación y pelándolos. Hay que procurar que la pulpa no se cueza. Vaciamos los tomates de semillas, dejando la pulpa.

En un bol, mezclamos la manzana, que habremos cortado en dados pequeñísimos, junto con las nueces y las almendras finamente picadas, las frambuesas y las pasas. Se vierte un tercio del azúcar en una sartén, caramelizándolo ligeramente. Incorporamos el contenido del bol, cociendo durante unos dos minutos, sin dejar de remover.

Rellenamos los tomates con la mezcla, los espolvoreamos con el resto del azúcar y horneamos de diez a quince minutos a temperatura suave.

Servimos los tomates en platos individuales, rociándolos con los jugos de la cocción mezclados con un poco de zumo de naranja, y decoramos con una hojita de menta.

Pestiños

Ingredientes para 4 personas

400 g de harina integral – 1,5 dl de jerez
1,5 dl de aceite – 1 cucharadita de anís
½ cucharadita de ajonjolí – la corteza de 1 limón
200 g de azúcar integral para la masa
azúcar integral molido para espolvorear – sal

Elaboración

Se pone el aceite en una sartén y, cuando esté caliente, se añade la cáscara del limón, friéndola un poco. Apartamos del fuego y agregamos el anís y el ajonjolí. Dejamos enfriar el aceite, y lo reservamos.

Encima del mármol, disponemos la harina en forma de volcán, vertiendo en el centro un poco de sal, el jerez y el aceite que hemos reservado, previamente colado. Se amasa todo, hasta lograr una masa compacta, que dejaremos reposar durante una hora en un lugar fresco, cubierta con un paño.

Luego estiramos la masa con el rodillo y la cortamos a tiras de unos diez centímetros de largo, que enrollaremos y freiremos en abundante aceite caliente.

En un cazo aparte, pondremos el azúcar con cinco cucharadas de agua, formando un caramelo durante unos diez minutos. Sumergimos los pestiños fritos en este jarabe y los dejamos escurrir en una rejilla. Finalmente, los espolvoreamos con el resto del azúcar, y ya están listos para comer.

Piña al horno

INGREDIENTES

1 piña tropical grande, madura
1 vaso de brandy o aguardiente
6 cucharadas de azúcar integral – el zumo de 1 limón
1 cucharadita de canela molida

Elaboración

Lavar bien la piña, ponerla en una bandeja para horno, introducirla en él ya caliente y dejar cocer a temperatura elevada (unos 250 °C) cuarenta y cinco minutos.

Se retira del horno y, sin dejarla enfriar, se corta la piña a lo largo en cuatro trozos. Retirar la parte dura del centro, rociamos con el zumo del limón, espolvoreamos con la canela y el azúcar y, en el momento de servir, calentamos el brandy o el aguardiente, lo echamos encima de la piña y lo flameamos.

Streissel

Receta alemana, que agradecemos a la gentileza de Bea.

Ingredientes

300 g de harina integral – 75 g de azúcar integral
150 g de margarina vegetal – 4 manzanas
un poco de canela en polvo

Elaboración

Untamos un molde para horno con un poco de margarina y lo espolvoreamos con harina. A continuación, lavamos, pelamos y cortamos en trozos no muy gruesos las manzanas y las distribuimos por el fondo del molde.

Amasamos el resto de los ingredientes con los dedos, formando como unas migas, que se esparcen por encima de las rodajas de manzana.

Se introduce en el horno muy caliente y se deja cocer hasta que esté bien doradito.

Compota troceada

Ingredientes

1 puñado de higos secos, cortados a trocitos
10 dátiles naturales, deshuesados, a trocitos
1 plátano a trocitos – 1 manzana a trocitos
1 pera a trocitos – 1 copita de coñac
un pellizco de canela

Elaboración

Poner toda la fruta pasa a remojar durante toda la noche, con el agua que las cubra. Por la mañana, añadimos el resto de las frutas, junto con una copita de coñac o aguardiente y un pellizco de canela.

Hervir todo junto veinte minutos. Se deja enfriar y se sirve en cuencos individuales.

Podemos adornar con una guinda y una ramita de canela.

Mermelada

En principio, se puede hacer mermelada de cualquier fruta. La norma general básica es poner la misma cantidad de fruta que de azúcar (integral, preferiblemente) y, sin añadir nada más, cocer (removiendo bien para facilitar la cocción y evitar que se queme el azúcar) unos treinta minutos.

También se puede hacer mermelada con naranjas (dulces o amargas) y con limones, e incluso hacer una mezcla de cítricos. En estos casos se suelen aprovechar las cáscaras. Su elaboración sería la siguiente:

Como siempre, la misma cantidad (en peso) de fruta que de azúcar (aunque en este caso, si queremos que la mermelada sea dulce deberemos añadir un poco más de azúcar del habitual). Se saca el zumo de las frutas y se pican las cortezas (también se pueden rallar o cortar a trocitos, dependiendo del tipo de textura que nos guste). Se pone todo junto (cortezas, zumo y azúcar) en una olla, y se deja cocer unos cuarenta y cinco minutos.

Pastel de naranja

INGREDIENTES

1 ½ naranjas – 150 g de margarina vegetal
150 g de azúcar integral – 250 g de harina integral
1 cucharadita de canela en polvo – un puñado de pasas de Corinto

ELABORACIÓN

Precalentamos el horno a 150 °C. Mientras, exprimimos las naranjas y llevamos su zumo a ebullición. Lo añadimos a la harina y mezclamos bien. Poco a poco vamos echando el resto de los ingredientes y las cáscaras de las naranjas ralladas. Cuando hayamos obtenido una masa homogénea, la echaremos en un molde para bizcocho o para plumb cake, que habremos preparado previamente untándolo con margarina y espolvoreándolo con harina.

Introducimos en el horno y dejamos cocer aproximadamente una hora. Para comprobar la cocción, hacia el término de dicho período de tiempo, podemos presionar levemente la tarta con los dedos para verificar el punto de cocción o bien introducir un palillo en el pastel: si sale limpio, está suficientemente cocido, si no, hay que dejarlo un rato más en el horno.

Al retirar la tarta del horno, la decoramos con unas rodajas finas de naranja y la pintamos con un almíbar espeso a fin de darle brillo.

Crema dulce de castañas

Ingredientes

500 g de castañas – 6 cucharadas de azúcar integral
1 vaso de agua – 1 vasito de ron – un poco de leche vegetal
un puñado de pasas de Corinto

Elaboración

Pelar las castañas y escaldarlas, para poder retirar la piel con comodidad. Las ponemos en un cazo, junto con el azúcar, el agua y el ron, y lo dejamos cocer a fuego suave veinte minutos. A continuación, lo pasamos por la batidora hasta conseguir una crema muy suave, añadiendo un poco de leche vegetal para conseguir la consistencia adecuada.

Se distribuye en bols individuales y se deja enfriar en la nevera. Lo decoramos espolvoreando unas pasas por encima.

Fondue de algarroba

Ingredientes

300 g de chocolate de algarroba – 1 vaso de leche vegetal
1 cucharada de licor de naranja
2 cucharadas de almendra cruda molida
3 cucharadas de azúcar integral – 1 cucharada de maizena
1 cucharadita de canela – frutas frescas variadas

ELABORACIÓN

Calentamos la leche en un cazo, vamos añadiendo el azúcar, mezclándolo bien, y luego los trozos de chocolate.

Aparte, desharemos la maizena con un poco de leche fría y la echamos en el cazo, junto con el licor, la canela y las almendras molidas. Dejamos cocer, sin dejar de remover, unos diez minutos.

Preparamos las frutas de temporada que tengamos a mano, cortándolas a dados (o dejándolas a gajos, como sería el caso de las mandarinas), y disponiéndolas por grupos en una fuente de servir. Se coloca en la mesa, al lado de la crema de algarroba caliente, y los comensales, con la ayuda de un pincho largo o una cuchara, van cogiendo los trozos de fruta y sumergiéndolos en el chocolate.

Chocolate a la taza

INGREDIENTES

1 l de agua – 8 cucharadas de avellanas molidas
4 cucharadas de azúcar integral o fructosa
8 cucharadas de harina de algarroba
8 cucharadas de agar-agar (o 3 cucharadas de maizena)

ELABORACIÓN

Mezclar bien todos los ingredientes y cocerlos juntos durante cinco minutos. Dejamos reposar un poco, y ya está a punto para su consumo.

Flan de fruta

INGREDIENTES

1 l de zumo de una o varias frutas – 10 g de alga agar-agar
un puñadito de coco fresco rallado
un puñadito de almendra cruda molida

ELABORACIÓN

En una olla, cocemos juntos el zumo de uva con el agar-agar hasta la completa disolución de las hebras del alga. A continuación, vertemos la mezcla en copas o cuencos individuales y dejamos enfriar en la nevera.

Para decorar, se espolvorea por encima el coco y la almendra.

Este flan se puede hacer con cualquier zumo de frutas.

Crema de moras

INGREDIENTES

2 bols de moras (o zarzamoras) – el zumo de 2 limones
2 cucharadas de maizena – 8 cucharadas de azúcar integral

ELABORACIÓN

En primer lugar, tendremos en cuenta que la cantidad de los ingredientes ha sido calculada para las moras. En caso de usar zarzamoras, al ser mucho menos dulces, quizá habría que aumentar la cantidad de azúcar (depende del gusto de cada cual).

Se echan todos los ingredientes en un cuenco, se trituran bien, y los ponemos a cocer a fuego medio durante veinte minutos, sin dejar de remover.

Verter en copas individuales, dejamos enfriar en la nevera y adornamos con unas cuantas moras enteras dispuestas por encima.

XII

BEBIDAS

Batido de coco

INGREDIENTES

4 vasos de leche vegetal
5 cucharadas de coco rallado (preferiblemente fresco)
4 cucharadas de fructosa

ELABORACIÓN

Batir bien todos los ingredientes y servirlo en vasos altos, con una cañita.

Piña colada

INGREDIENTES

¼ de piña tropical natural – 6 cucharadas de fructosa
1 bandeja de cubitos de hielo – 1 vasito de ron blanco
2 cucharadas de coco rallado

ELABORACIÓN

Poner todos los ingredientes juntos en el vaso de la batidora y batir a fondo hasta conseguir una masa fina y espumosa. Servir inmediatamente en copas, y decorar con una cañita.

Sorbete de menta

INGREDIENTES

20 hojas de menta fresca – 2 vasos de leche vegetal
1 vaso de agua – 100 g de azúcar integral o fructosa
el zumo de 3 limones – una pizca de sal

ELABORACIÓN

Poner todos los ingredientes en el vaso de la batidora y triturar hasta que quede un sorbete bien suave. Lo servimos en copas de cava bajas y adornamos con una hoja de menta fresca por encima y una rodaja de limón hincada en el borde.

Leche merengada

INGREDIENTES

1 litro de leche vegetal
6 cucharadas de azúcar integral o fructosa
1 cucharada de canela en polvo

ELABORACIÓN

A mano, o con ayuda de una batidora eléctrica, mezclar a fondo los ingredientes hasta que estén bien disueltos.

Se sirve muy fría, y se espolvorea un poco más de canela encima de cada vaso.

Batido de melocotón

INGREDIENTES

3 melocotones – el zumo de 1 limón – 1 l de té de melocotón (o té normal) – 5 cucharadas de azúcar integral

ELABORACIÓN

Batir concienzudamente todos los ingredientes hasta que quede una mezcla bien suave, y verter en cuencos para postre o copas de boca ancha. Dejamos enfriar en la nevera y decoramos con un poco de canela molida por encima.

Batido de piña

INGREDIENTES

½ piña tropical natural – el zumo de 1 limón
1 l de té verde – 5 cucharadas de azúcar integral

ELABORACIÓN

Batir juntos todos los ingredientes hasta que quede bien fino. Vertemos en vasos bajos, de boca ancha, y se decora hincando una rodaja de limón en el borde de cada vaso.

Batido de pomelo

INGREDIENTES

1 l de té – 2 pomelos
7 cucharadas de azúcar integral

ELABORACIÓN

Batimos bien todos los ingredientes y se deja enfriar en la nevera. Servir en vasos bajos, anchos, decorando cada vaso con una guinda o unas rodajas de fresón.

COCINA OVO-LÁCTEO-VEGETARIANA

La mayor parte de las recetas que constan en este apartado pueden convertirse fácilmente en veganas, sustituyendo la leche por leche vegetal, el queso por tofu (queso de soja), el yogur por yogur de soja y la miel por azúcar, melaza o sirope de arce.

También hay que tener en cuenta que, al incluir todas ellas algo lácteo, huevos o miel, resulta muy difícil que cumplan las normas referentes a una combinación de alimentos deseable. Por ello aconsejo que uno de los platos sea de ensalada o verdura, sin ninguno de dichos elementos, a fin de que la comida, en su conjunto, resulte más sana y más digerible. Igualmente, también resulta deseable que haya un volumen de alimento crudo considerable en cada comida, preferiblemente superior al 50 %.

I

ENSALADAS

Ensalada griega

INGREDIENTES PARA 4 PERSONAS

6 tomates grandes, maduros – 300 g de queso fresco de cabra
aceite de oliva – orégano – sal

ELABORACIÓN

En un bol para ensaladas se echan los tomates y el queso cortados a dados, y se aliña con orégano, sal y aceite de oliva virgen.

Endibias al roquefort

INGREDIENTES POR COMENSAL

2 endibias
un bol pequeño con salsa de roquefort
(véase su elaboración en el apartado de salsas y aliños)

ELABORACIÓN

Se pueden preparar los platos individualmente, colocando las endibias cortadas a lo largo, en forma de abanico, y disponiendo un bol aparte con la salsa o poniéndola en el centro del mismo plato.

Igualmente, podemos colocar todas las endibias en una fuente llana, con un bol grande con la salsa para compartir, o bien dejando que cada comensal disponga de su propia salsa.

Ensalada de col y zanahoria

INGREDIENTES PARA 4 PERSONAS

½ col blanca – 2 manzanas – 4 zanahorias grandes
salsa de yogur (véase elaboración en el apartado de salsas y aliños)

Elaboración

En una ensaladera, colocaremos la col blanca cortada en juliana, las zanahorias ralladas, y las manzanas cortadas a trozos pequeños (no es necesario pelar las manzanas; de todos modos, dependerá del gusto personal). Añadimos la salsa de yogur y mezclamos bien.

Ensalada de melón con queso

Ingredientes para 4 personas

4 melones pequeñitos – 250 g de queso fresco
1 pimiento verde – 1 pimiento rojo – 1 pepino
1 ½ yogures naturales – pimienta – sal
para la decoración: 4 flores de capuchina
y unas hojas de lechuga

Elaboración

Lavamos los melones y los partimos por la mitad. De cada mitad, cortamos un poco la corteza por la base a fin de darles estabilidad, puesto que vamos a usarlos como cuenco para servir la ensalada.

Con la cuchara que empleamos para vaciar el corazón de las manzanas, vamos vaciando los melones y formando bolitas.

Echamos las bolitas de melón en un cuenco grande y, a

continuación, añadimos los pimientos, el pepino y el queso cortados a trozos pequeños. Sazonamos con sal y pimienta, agregamos el yogur y mezclamos bien.

Con la mezcla obtenida, rellenamos las cáscaras de melón, adornamos con una flor de capuchina y los ponemos en cada plato sobre un fondo de lechuga en juliana.

Ensalada de endibias

INGREDIENTES PARA 4 PERSONAS

3 endibias – 150 g de queso fresco – 50 g de nueces
2 peras – 2 tomates – salsa vinagreta

ELABORACIÓN

Cortar las endibias a rodajas, se pelan y cortan las peras a dados, se cortan los tomates también a dados y se pican las nueces. Se mezcla todo con el queso cortado a tacos y se aliña con la salsa vinagreta.

Ensalada de endibias y maíz

INGREDIENTES PARA 4 PERSONAS

4 endibias – 200 g de maíz cocido – 2 manzanas
1 cebolla tierna – salsa roquefort (véase elaboración en el apartado de salsas y aliños)

ELABORACIÓN

En una ensaladera, colocar a todo su alrededor las hojas externas de las endibias y en el centro disponer el maíz, las manzanas cortadas a dados, la cebolla picada muy finamente y el resto de las endibias cortadas a rodajas, todo bien mezclado.

Por último, aliñamos con la salsa roquefort.

Ensalada Niçoise

INGREDIENTES PARA 4 PERSONAS

2 tomates grandes, maduros – 2 patatas cocidas al vapor
4 huevos duros – un racimo de uvas negras
un racimo de uvas blancas
400 g de judías verdes, cocidas al vapor
100 g de aceitunas negras – 6 hojas de lechuga
perejil fresco

ELABORACIÓN

En una fuente llana, disponer un fondo de lechuga cortada sobre la que iremos colocando de forma alternativa rodajas de patatas, tomates y huevos. En el centro colocaremos las judías verdes cortadas, mezcladas con las aceitunas, el perejil finamente picado y las uvas peladas y sin pepitas.

Por último, aliñamos con una vinagreta suave.

Ensalada de espárragos

INGREDIENTES PARA 4 PERSONAS

500 g de espárragos blancos – 200 g de champiñones
150 g de aceitunas negras – 4 huevos duros
2 tomates maduros – 1 ramita de perejil fresco
1 manojo de rabanitos – 1 lechuga
salsa mahonesa

ELABORACIÓN

Se pelan, se cortan y se cuecen los espárragos. Retirar (conservando el caldo de cocción para aprovechar en otra receta) y dejamos enfriar.

En la ensaladera, iremos echando la lechuga cortada a trozos, los rabanitos a rodajas, las hojas de los rábanos bien picadas, los champiñones crudos a finas láminas, los tomates a dados, las aceitunas y la mahonesa. Finalmente, añadimos los espárragos. Mezclamos todo bien y adornamos con los huevos duros partidos por la mitad.

Ensalada de escarola con bolitas de roquefort

INGREDIENTES PARA 4 PERSONAS

1 escarola – 2 endibias – 100 g de aceitunas negras
150 g de queso azul o roquefort
50 g de mantequilla – 50 g de nueces
unas gotas de whisky

ELABORACIÓN

Mezclar bien el queso con la mantequilla y unas gotas de whisky, hacemos unas bolitas con la masa obtenida y las rebozamos en las nueces picadas. Si el clima es caluroso, será conveniente dejar las bolitas en la nevera unas horas a fin de que no queden demasiado blandas.

En platos individuales, distribuir las hojas de endibias formando como una corona, y la escarola en juliana en el centro. Esparcir unas aceitunas y colocar las bolitas de queso por encima.

Ensalada de brotes de soja con espaguetis

INGREDIENTES PARA 4 PERSONAS

un puñado de espaguetis ya cocidos – 100 g de brotes de soja
2 huevos duros – 4 pepinillos encurtidos
3 tomates maduros – 1 yogur natural – aceitunas negras
1 cucharada de alcaparras – salsa mahonesa
el zumo de 1 limón – pimienta – sal

ELABORACIÓN

Poner los espaguetis en la ensaladera junto con los brotes de soja, los pepinillos cortados a rodajitas, los tomates a dados y las aceitunas negras.

Aparte, mezclamos el yogur con la mahonesa, añadimos las alcaparras, un poco de sal y pimienta y el zumo de un limón.

Aliñamos la ensalada con la salsa obtenida y decoramos con rodajas de huevo duro.

Ensalada de brotes de soja con judías verdes

INGREDIENTES PARA 4 PERSONAS

300 g de judías verdes, cocidas al vapor
100 g de soja germinada – 1 aguacate grande, maduro
300 g de queso de Burgos – 150 g de queso gruyère
salsa tártara (véase elaboración en el apartado de salsas y aliños)

ELABORACIÓN

Poner las judías verdes cortadas en una ensaladera, junto con la soja, y los quesos y el aguacate cortados a tacos. Se mezcla suavemente y se acompaña de un bol con la salsa tártara a fin de que cada comensal se sirva la cantidad deseada.

Ensalada de la huerta con queso

INGREDIENTES PARA 4 PERSONAS

1 manojo de rábanos – 3 troncos de apio, sin hojas
2 zanahorias grandes – 2 manzanas – 1 lechuga
3 tomates maduros, pero firmes – 1 pepino
100 g de queso manchego tierno – 100 g de queso de Burgos
50 g de queso parmesano rallado

ELABORACIÓN

En una ensaladera, colocar los rábanos cortados a rodajitas, el apio cortado a dados pequeños, las zanahorias ralladas, las manzanas, el pepino y los tomates a dados, la lechuga en juliana y los quesos cortados a trozos algo más grandes. Mezclar todo bien.

Para el aliño, se puede emplear una salsa suave de aguacate, una vinagreta o, simplemente, un poco de aceite de oliva (véase el apartado de salsas y aliños, de las tres partes del libro).

II

SOPAS Y CREMAS

Vichysoisse

INGREDIENTES PARA 4 PERSONAS

1 manojo de puerros – 4 vasos de agua o de caldo de verduras
1 vaso de leche – 1 manzana – 1 patata mediana
4 quesitos – 2 cucharadas de mantequilla
un puñado de piñones – pimienta – sal

ELABORACIÓN

En una olla derretimos la mantequilla y pasamos a dorar en ella suavemente los puerros, la manzana y la patata, que habremos pelado y cortado a dados. Cuando esté dorado, añadimos el agua o caldo, los quesitos, la sal y la pimienta. Dejamos cocer unos veinte minutos.

Retiramos del fuego, añadimos la leche y batimos bien.

Normalmente la Vichysoisse se toma fría, aunque también puede consumirse caliente.

Para adornar, serviremos los piñones (que habremos tostado previamente en una sartén con un poquitín de mantequilla) en un cuenco.

Se pueden sustituir los puerros por: 2 calabacines medianos, 2 cebollas y 1 berenjena grande.

Crema de berros

INGREDIENTES PARA 4 PERSONAS

2 manojos de berros – 1 l de agua o caldo de verduras
1 patata mediana – el zumo de ½ limón
½ yogur natural

ELABORACIÓN

Pelamos y cortamos las patatas y las ponemos a cocer, con un poco de sal, en una olla. Transcurridos unos veinte minutos, echamos los berros y cocemos dos minutos más. Retiramos del fuego, añadimos la sal, el zumo y el yogur, y batimos todo a conciencia hasta conseguir una crema muy suave.

Vertemos en una sopera y dejamos enfriar en la nevera.

Como decoración, colocaremos unas hojas crudas de berros encima de la crema.

Crema de remolacha

INGREDIENTES PARA 4 PERSONAS

2 remolachas crudas – 1 l de agua o caldo de verduras
1 patata mediana – 1 vasito de vino blanco
1 cucharada de mantequilla – sal

ELABORACIÓN

Limpiamos, pelamos y cortamos a dados la remolacha y la patata, y las ponemos a cocer en una olla junto con el caldo y la sal. Dejamos hervir a fuego medio veinte minutos. Cinco minutos antes de finalizar la cocción, añadimos el vino blanco.

Retiramos del fuego, agregamos la mantequilla y trituramos bien, hasta que la crema quede muy suave.

Vertemos en una sopera y dejamos enfriar en la nevera.

Antes de servir, rallaremos un poco de remolacha cruda por encima de la crema y colocaremos una ramita de perejil fresco o de hierbabuena.

Consomé vegetariano

INGREDIENTES PARA 4 PERSONAS

2 l de agua – 2 ramas de apio – 1 zanahoria
1 cebolla – ½ cabeza de ajos – 1 hoja de col blanca
1 nabo – 1 hoja de laurel – 4 huevos
1 copita de jerez seco – sal

ELABORACIÓN

En una olla ponemos el agua junto con todas las verduras y hacemos un caldo vegetal, dejando que hierva cuarenta y cinco minutos (diez minutos si usamos la olla a presión). Retiramos del fuego y colamos. Las verduras (separando la hoja de laurel) se pueden reservar y hacer con ellas un puré, unas croquetas o una crema. Añadimos el jerez y la sal, y dejamos un par de minutos más al fuego.

En el fondo de cada tazón, colocamos una yema de huevo, y guardamos bien tapadas las claras, que podremos utilizar en cualquier receta de bizcocho, para alargar el huevo en una tortilla...

Echamos el caldo en los tazones, y ya está a punto para tomar.

Crema de lechuga

INGREDIENTES PARA 4 PERSONAS

10 o 12 hojas de lechuga (se suelen aprovechar las hojas más exteriores, que normalmente se desechan para la ensalada)
3 vasos de agua o de caldo de verduras – ½ cebolla
1 diente de ajo – 2 cucharadas de mantequilla
1 vaso de leche o de crema de leche
pimienta – sal

ELABORACIÓN

En una olla, rehogamos la cebolla y el ajo con la mantequilla hasta que queden transparentes. Añadimos las hojas de lechuga a trozos y les damos unas vueltas. A continuación, echamos el agua o el caldo, la sal y la pimienta, y dejamos hervir a fuego lento quince minutos.

Retiramos del fuego, trituramos bien hasta que la crema quede muy fina, y agregamos la crema de leche.

Se puede comer tanto fría como caliente.

Como acompañamiento podemos servir unos taquitos de pan frito, unos piñones tostados o unos dados de tomate crudo.

Crema de rábanos

INGREDIENTES PARA 4 PERSONAS

1 manojo de rábanos – 3 vasos de caldo de verduras
1 vaso de crema de leche – 1 cebolla grande
2 dientes de ajos – la yema de 1 huevo
100 g de mantequilla – una pizca de nuez moscada
pimienta – sal

ELABORACIÓN

Trocear los ajos y las cebollas, y partir los rábanos por la mitad. Sofreímos ajos y cebollas en la mantequilla y, cuando estén doraditos, añadimos los rábanos. Agregamos la sal, la pimienta y la nuez moscada, y rehogamos durante unos minutos, sin dejar de remover. Incorporamos el caldo y dejamos que hierva todo veinte minutos, con la olla tapada.

Aparte, batimos los huevos con la crema de leche y lo añadimos a la olla. Cocemos un par de minutos más y batimos de nuevo.

La crema se suele tomar caliente, servida en una sopera, que adornaremos con unas rodajitas de rábano crudo por encima.

Sopa de endibias

INGREDIENTES PARA 4 PERSONAS

4 endibias – 1 l de caldo de verduras – 2 zanahorias grandes
2 cebollas medianas – 1 diente de ajo
2 cucharadas de mantequilla – 1 cucharada de maizena
1 vaso de crema de leche – sal

ELABORACIÓN

Cortar las cebollas y las zanahorias en juliana, y rehogamos en la mantequilla, sin que lleguen a coger color. En un vaso ponemos un poco del caldo frío y derretimos la maizena. Echamos el resto del caldo y la maizena en la olla, removiendo bien, y añadimos las endibias también cortadas en juliana. Cocemos el conjunto unos cinco minutos, aderezamos con la sal y agregamos la crema de leche. Removemos cuidadosamente y ya tenemos la sopa lista para servir.

Crema fría de pepino

INGREDIENTES PARA 4 PERSONAS

3 pepinos – 2 vasos de agua o caldo de verduras
la miga de ½ barra de pan – 1 huevo – 1 yogur natural
2 dientes de ajo – 1 tacita de aceite de oliva
el zumo de 1 limón – sal

para la guarnición: 1 manzana ácida – 1 remolacha
1 ramillete de hinojo fresco – 2 pepinillos en vinagre

Elaboración

Pelamos y cortamos los pepinos, y los mezclamos con la miga de pan, el huevo, la sal, el zumo del limón, el ajo, aceite, yogur y el caldo. Trituramos bien y dejamos enfriar en la nevera.

Servir en una sopera, y se pone en un plato, al lado, la manzana, la remolacha, el hinojo y el pepinillo cortados finamente, a fin de que los comensales puedan añadir la cantidad deseada de cada ingrediente a su plato de crema.

Sugerencia: Cuando un melón le salga «como un pepino», aprovéchelo para hacer esta crema.

Crema de espárragos

Ingredientes para 4 personas

1 manojo de espárragos blancos – 1 l de caldo de verduras
2 cucharadas de mantequilla – 2 cucharadas de maizena
1 vaso de crema de leche – pimienta – sal
para la guarnición: una taza de guisantes al vapor y unas puntas de espárragos cocidos (verdes o blancos)

ELABORACIÓN

Pelar y cortar los espárragos, y dorarlos en la mantequilla. Se deslíe la maizena en un vaso con un poco del caldo frío. Añadir el resto del caldo, la maizena, la sal y la pimienta, y dejamos cocer todo junto quince minutos. Retiramos del fuego, incorporamos la crema de leche y batimos bien.

La sopa se sirve caliente. Si se desea, se puede acompañar de unas puntas de espárragos o de unos guisantes cocidos al vapor.

Crema de champiñones

INGREDIENTES PARA 4 PERSONAS

200 g de champiñones – 1 l de caldo de verduras
5 cucharadas de harina integral – 2 cucharadas de mantequilla
1 huevo – ½ vaso de crema de leche – pimienta – sal
para la guarnición: unos dados de pan frito

ELABORACIÓN

Lavar y pelar los champiñones, picarlos muy finamente y rehogarlos con la mantequilla. A continuación, se añade la harina y se remueve bien. Poco a poco se va añadiendo el caldo, sin dejar de remover, a fin de que la harina no forme grumos. Sazonamos con sal y pimienta, y dejamos cocer veinte minutos, removiendo de vez en cuando. Retiramos del fuego, dejamos enfriar un poquito y añadimos el huevo y la crema de leche. Batimos bien, hasta que quede una crema fina, y dejamos cocer a fuego muy suave unos cinco minutos más, cuidando de remover de vez en cuando.

Servir caliente en una sopera, acompañando con un cuenco con los dados de pan frito.

III

VERDURAS

Coliflor con bechamel

INGREDIENTES PARA 4 PERSONAS

1 coliflor – salsa bechamel – 100 g de queso rallado
1 cucharada de mantequilla

ELABORACIÓN

Trocear la coliflor y cocerla al vapor. Colocarla luego en una fuente para horno y cubrirla con una salsa bechamel, no demasiado espesa. Se esparce el queso rallado por encima y se añaden unos trocitos de mantequilla.

Introducir en el horno y gratinar hasta que el queso esté dorado.

Aunque lo más típico es hacer la coliflor con bechamel, también podemos hacer lo mismo con los siguientes ingredientes: puerros, endibias, menestra de verduras, espinacas o brécol.

Calabacines gratinados

INGREDIENTES PARA 4 PERSONAS

4 calabacines – 150 g de queso rallado
50 g de mantequilla – pimienta o hierbas aromáticas – sal

ELABORACIÓN

Lavar bien los calabacines y cortamos ambos extremos. Sin pelar, los cortamos a rodajas finas, que vamos distribuyendo en una fuente para horno, que habremos engrasado previamente con un poco de mantequilla. Sazonar con sal y pimienta (también podemos hacerlo con hierbas aromáticas, a nuestro gusto). Esparcimos el queso rallado por encima, añadiendo unos trocitos de mantequilla, y dejamos gratinar hasta que el queso haya cogido color.

El plato parece muy simple, pero es muy agradable de comer, y sentir el sabor sorprendente y ligeramente crujiente de los calabacines semicrudos.

Calabacines guisados

INGREDIENTES PARA 4 PERSONAS

1 kg de patatas – 4 calabacines – 4 pimientos verdes
2 berenjenas – 1 kg de tomates maduros
2 cebollas – 2 dientes de ajo – 2 huevos
1 vaso de caldo de verduras
3 cucharadas de aceite de oliva – sal
para la decoración: unas rebanadas de pan frito

ELABORACIÓN

Picar la cebolla muy finamente y ponerla a dorar en una cazuela de barro, con el aceite. Cuando estén a punto, añadiremos el resto de los ingredientes vegetales cortados a dados pequeños y removeremos suavemente. Ponemos el fuego suave, agregamos el caldo y sazonamos. Dejamos cocer de diez a quince minutos, hasta que veamos que las patatas están cocidas. Retirar del fuego.

Se baten los huevos y se echan por encima del estofado, sin remover. Dejamos reposar unos tres o cuatro minutos, y servimos adornando con las rebanadas de pan frito.

Chulas de grelos

Se trata de un plato muy típico gallego, elaborado a base de la verdura que, quizá, más caracteriza su gastronomía. No obstante, como los grelos son prácticamente imposibles de conseguir en otras partes de España, los podemos sustituir por col, acelgas u otras verduras de hoja verde.

INGREDIENTES PARA 4 PERSONAS

500 g de grelos – 4 huevos – 1 yema de huevo cocido
un poco de canela en polvo
harina (una cucharada para la masa de las chulas
y un poco más para enharinarlas)
1 vaso de caldo de verduras – 1 cucharada sopera de vinagre
aceite de oliva para freír – sal

ELABORACIÓN

Cocemos la verdura al vapor, retiramos del fuego y escurrimos. La picamos luego muy finamente y la mezclamos con los huevos, la harina, canela y un poco de sal, de modo que se forme una masa espesa. Con esta masa formamos unas bolas, que aplanaremos un poco. Las enharinamos y freímos en aceite bien caliente, dorándolas por ambas caras.

Dejaremos reposar unos momentos en un papel absorbente, y ya podemos servir (se comen calientes).

Si queremos progresar en la receta tradicional, en vez de comer las chulas tal cual, las colocaremos en una cazuela de barro y echaremos el caldo de cocción, previamente mezclado con la yema cocida y el vinagre. Lo pondremos a fuego suave unos minutos, pero sin que llegue a hervir.

Coliflor de Navidad

Receta de la gastronomía de Galicia, como siempre, sencilla y apetitosa.

INGREDIENTES PARA 4 PERSONAS

1 coliflor – 1 cebolla – 2 dientes de ajo – 1 huevo 1 vaso de vino – 1 vaso de caldo de verduras – un poco de harina integral – un puñadito de almendras crudas – aceite de oliva para freír – nuez moscada – pimienta – sal

ELABORACIÓN

Cocemos la coliflor al vapor, escurrimos y dejamos enfriar. Seguidamente, pasamos a cortarla en ramitos, los pasamos por huevo batido y harina y los freímos hasta que queden doraditos y crujientes.

A medida que los vayamos sacando de la sartén, los dejaremos reposar en un papel absorbente, para que no queden tan aceitosos, y después los pasamos a una cazuela de barro.

En otra sartén aparte, ponemos tres cucharadas de aceite, en el cual doraremos la cebolla y los ajos picados muy pequeños. Cuando estén dorados, añadimos las almendras picadas y aderezamos con sal, pimienta y nuez moscada. Removemos bien, agregamos una cucharada de harina integral y seguimos con la cocción a fuego medio. Al cabo de unos minutos, incorporamos poco a poco el caldo y el vino, y proseguimos ligando y cociendo la salsa por un cuarto de hora más. Una vez terminada la salsa, la echamos por encima de la coliflor y servimos.

Pudín de verdura

A pesar de que la cocina gallega no es muy rica en platos de verduras, he aquí otra de sus recetas.

INGREDIENTES PARA 4 PERSONAS

½ kg de patatas – 1 kg de verduras variadas (acelgas, zanahorias, cebollas, puerros...) – 1 vaso de leche 3 cucharadas de mantequilla – 1 cebolla – 2 dientes de ajo 2 huevos – 1 ramita de perejil fresco – pan rallado aceite para freír – pimienta – sal

ELABORACIÓN

Calentar el horno a 200 °C, y preparar un molde alto, engrasándolo con aceite o mantequilla y espolvoreándolo con pan rallado.

Lavar y pelar las patatas, y cocerlas al vapor.

Mientras las patatas se van cociendo, hacemos lo propio con las verduras, que habremos troceado finamente. Retiramos patatas y verduras del fuego, y las escurrimos, reservando, como siempre, el caldo para ser usado en alguna otra receta.

Aparte, en una sartén grande, echamos tres cucharadas soperas de aceite y doramos la cebolla y los ajos, que habremos picado muy finamente. Cuando estén a punto, añadimos el perejil y las verduras, rehogando unos minutos sin dejar de remover, a fin de que se sofría todo por igual.

Hacemos un puré de patata con la leche, mantequilla y un poco de sal y pimienta, y mezclamos puré y verduras. Seguidamente, le incorporamos los huevos batidos.

Vertemos la mezcla en el molde y horneamos durante aproximadamente media hora, hasta que se haya formado una costra dorada. Podemos servir directamente en el molde o bien esperar a que se enfríe un poco, desmoldarlo, decorarlo con un poco de salsa de tomate y servirlo aún caliente.

Buñuelos vegetales

INGREDIENTES PARA 4 PERSONAS

1 pimiento rojo – 1 pimiento verde – 1 cebolla
2 zanahorias – ½ calabacín – 1 tomate grande
para la masa: 6 cucharadas de harina integral
4 cucharadas de aceite de oliva – 2 cucharadas de whisky

6 cucharadas de cerveza – 1 huevo
para la guarnición: unas hojas de lechuga

Elaboración

Cortar los pimientos, la cebolla, las zanahorias y el calabacín en juliana, y escaldarlos. Reservar y agregar el tomate, en crudo, cortado a trozos muy pequeños. Mezclar.

Aparte formamos la masa para los buñuelos (si queda demasiado espesa, le añadiremos un poquito más de cerveza).

Echamos las verduras en la masa, mezclamos bien y, con la ayuda de un par de cucharas, vamos cogiendo porciones de masa, que echaremos en aceite bien caliente y dejaremos freír hasta que estén bien doradas.

Vamos retirando los buñuelos y los dejamos reposar unos instantes en papel absorbente, a fin de que no queden demasiado aceitosos (si el aceite de freír está bien caliente, no embeben tanta grasa).

Colocamos los buñuelos en una bandeja llana, sobre un fondo de lechuga cortada en juliana, y ya están a punto de servir.

Tomates gratinados

Ingredientes

3 o 4 tomates pequeños por comensal – queso rallado
aceite de oliva – finas hierbas – sal

Elaboración

Engrasamos una fuente para horno y colocamos los tomates, a los que previamente les habremos quitado la parte de encima. Aliñamos con aceite, sal y las hierbas, y espolvoreamos cada tomate con queso rallado. Dejamos gratinar hasta que el queso esté crujiente y dorado.

Otra variedad del mismo plato consiste en escoger tomates más grandes (siempre maduros), cortarlos a rodajas no demasiado finas y colocarlas en la fuente para hornear. El resto sigue del mismo modo.

Se sirve caliente.

Pastel de berenjenas gratinado

Ingredientes para 4 personas

4 berenjenas – salsa de almendras (véase receta en las salsas y aliños de la «Cocina vegana») – queso rallado

Elaboración

Lavar bien las berenjenas y, sin pelarlas, las cortaremos a rodajas. Se pueden cocer al vapor o bien a la plancha.

Engrasar con un poco de mantequilla una fuente para horno, e ir colocando, bien juntas, las rodajas de berenjena. Cubrir con un poco de salsa de almendras, esparcir el queso rallado por encima y gratinar.

Croquetas de espinacas

INGREDIENTES PARA 4 PERSONAS

300 g de espinacas cocidas, bien escurridas
6 cucharadas de harina integral – 1 cucharada de mantequilla
leche – nuez moscada – pan rallado – pimienta – sal

ELABORACIÓN

En una sartén grande, fundir la mantequilla y añadimos la harina, dejando que se dore un poco pero sin dejar de remover, a fin de evitar que se pegue o se queme. El fuego tiene que estar bajo. Agregamos las espinacas bien troceadas, sal, pimienta y un poquitín de nuez moscada, y removemos con cuidado. Incorporamos un vaso de leche, muy lentamente y sin dejar de remover. Seguimos la cocción, siempre a fuego lento, hasta que quede bien espeso. Si vemos que espesa demasiado, podemos añadir un poco más de leche; si por el contrario, queda demasiado líquido, agregaremos más harina.

Retiramos del fuego y dejamos enfriar.

Una vez frío, cogeremos porciones de masa con una espátula de madera, les daremos forma de croqueta con las manos y pasaremos a rebozarlas en el pan rallado. A continuación, ya sólo quedará freírlas.

Una variante de estas croquetas consiste en añadir un puñado de pasas y piñones mientras preparamos la masa.

Croquetas de zanahorias

INGREDIENTES PARA 4 PERSONAS

3 zanahorias grandes, cocidas al vapor – 1 cebolla
1 hoja de laurel – 1 cucharada de mantequilla
6 cucharadas de harina integral – 1 vaso grande de leche
pan rallado – pimienta – sal

ELABORACIÓN

En una sartén grande, derretimos la mantequilla y hacemos un sofrito suave con la cebolla, picada muy finamente, y la hoja de laurel. Cuando la cebolla esté dorada, añadiremos la zanahoria, hecha puré. Sazonamos con sal y pimienta, ponemos el fuego suave y agregamos la harina, removiendo bien a fin de que no haga grumos. Poco a poco, y sin dejar de remover, incorporamos la leche y cocemos hasta conseguir una masa bien espesa.

Retiramos del fuego y dejamos enfriar. Cuando esté frío o tibio, iremos cogiendo porciones de masa con una espátula de madera, que trabajaremos con las manos, dándoles forma de croquetas y rebozándolas con el pan rallado. Seguidamente, ya podemos proceder a freírlas.

Una opción más sana sería la de cocer las croquetas al horno en vez de freírlas.

Berenjenas rellenas

INGREDIENTES PARA 4 PERSONAS

4 berenjenas no demasiado grandes – 2 tomates
1 cebolla – 2 dientes de ajo – 2 zanahorias
½ calabacín – un puñado de setas – 2 cucharadas de aceite de oliva – queso rallado – 1 cucharadita de albahaca seca pimienta – sal – para la guarnición del plato: unas rodajas de pepino y de tomate

ELABORACIÓN

Limpiar las berenjenas y partirlas por la mitad, longitudinalmente. Cocerlas en agua y sal durante no más de 3 minutos. Con una cuchara, y con cuidado, procedemos a retirar parte de la pulpa, dejando las cáscaras de un grosor aproximado de tres milímetros. Engrasamos una bandeja para horno con un poco de aceite o mantequilla y colocamos las mitades de las berenjenas.

Aparte, en una sartén, echamos el aceite y hacemos un sofrito con la cebolla y el ajo. Cuando estén bien dorados, añadimos el resto de los ingredientes vegetales (junto con la pulpa de las berenjenas), cortados a dados bien pequeños, sazonamos con sal, pimienta y la albahaca, y rehogamos.

Rellenamos las cáscaras de las berenjenas con la mezcla, cubrimos bien de queso rallado y dejamos gratinar al horno hasta que esté bien dorado.

Servimos dos mitades de berenjena en cada plato y lo adornamos con unas rodajas de pepino y de tomate.

Berenjenas rellenas con espinacas

INGREDIENTES PARA 4 PERSONAS

4 berenjenas medianas – 500 g de espinacas
1 cebolla – 100 g de piñones – 1 cucharada de mantequilla
queso rallado – nuez moscada – sal
para la decoración: 1 manojo de rabanitos y unas hojas de lechuga

ELABORACIÓN

Cocer las espinacas y escurrirlas bien.

Mientras se cuecen las espinacas, lavamos las berenjenas y las partimos por la mitad, a lo largo. Seguidamente las cocemos suavemente durante no más de tres minutos. Con ayuda de una cuchara, y con cuidado de no romper las cáscaras, procedemos a vaciarlas dejando un grosor de unos tres milímetros.

Engrasamos una bandeja para horno y colocamos las mitades de berenjena en ella.

En una sartén aparte, empezamos a preparar un sofrito con la mantequilla y la cebolla, hasta que ésta quede doradita. Añadimos los piñones, las espinacas y la pulpa de la berenjena, todo cortado bien pequeño. Sazonamos con la sal y una pizca de nuez moscada, y rehogamos unos cinco minutos. Retiramos del fuego y procedemos a rellenar las berenjenas con la mezcla, cubriéndolas luego con queso rallado, y gratinando hasta que el queso esté dorado.

Servimos dos mitades en cada plato, que habremos forrado con unas hojas de lechuga cortadas a trozos, y colocando unos rabanitos al lado.

Crêpes de verduras

INGREDIENTES PARA 4 PERSONAS

PARA LOS CRÊPES:

3 tacitas de leche – 3 huevos – 3 tacitas de harina integral
2 cucharadas de mantequilla – un poquito de sal
para cocer los crêpes: un poco de mantequilla

PARA EL RELLENO

servirá cualquier resto de verduras al vapor, a la plancha o estofadas (sin líquido).

ELABORACIÓN

Batir bien todos los ingredientes de las crêpes, hasta que la masa quede líquida y suave, sin grumos.

Calentar bien una sartén pequeña, engrasarla con un poco

de mantequilla y vertemos unas 2 o 3 cucharadas de la masa, moviendo bien la sartén para que se esparza. Cuidar que el fuego no esté demasiado fuerte. Cuando la crêpe esté dorada, se le da la vuelta, y cuando esté hecha por ambos lados, la ponemos en una fuente, que cubriremos con un paño húmedo para evitar que se seque, y también para conservar el calor. Así, vamos haciendo los crêpes hasta que se haya terminado la masa.

A continuación, pasamos a rellenarlas. Luego los doblamos por la mitad, en cuatro partes, o simplemente los enrollamos.

Se pueden comer tal cual (siempre decorando el plato con algún ingrediente vegetal, cuidando de contrastar los colores, para que quede vistoso), o con alguna salsa, como la financiera, la de setas, la de zanahoria o la de almendras. (Véase el apartado de salsas y aliños.)

Como sugerencia, podemos hacer la siguiente salsa:

Ingredientes para la salsa

1 cebolla – 2 puerros – 1 diente de ajo
2 cucharadas de mantequilla – 1 vasito de crema de leche
2 cucharadas de whisky
1 cucharada pequeña de pimentón dulce
pimienta negra – sal

Se funde la mantequilla y se rehoga en ella las cebollas, los puerros y el ajo hasta que estén dorados. Retiramos del fuego, añadimos la crema de leche y el whisky, y se adereza con las dos pimientas y un poco de sal. Batimos bien, y ya está la salsa.

Aunque hemos dado la receta para crêpes salados, también los podemos hacer dulces, para postre. Bastará con rellenarlos de crema pastelera, chocolate fundido, mermelada, frutas crudas o cocidas, o una mezcla de dichos ingredientes, y espolvorear con azúcar molido o miel.

Endibias gratinadas

INGREDIENTES PARA 4 PERSONAS

12 endibias – 2 cucharadas de mantequilla
1 vaso de caldo de verduras – 1 vaso de vino blanco
1 ramita de perejil picado – pimienta – sal

ELABORACIÓN

En una fuente de horno colocamos las endibias enteras. Fundimos la mantequilla en una sartén aparte, añadimos el caldo y el vino, y salpimentamos. Mezclamos todo bien, retiramos del fuego y echamos el contenido por encima de las endibias. Cubrimos la fuente con papel de aluminio y horneamos una media hora. Al momento de servir, espolvoreamos con el perejil picado.

Libritos de berenjena

INGREDIENTES PARA 4 PERSONAS

2 berenjenas grandes y anchas
2 tomates (procurar que sean de un diámetro igual o inferior al de las berenjenas)
200 g de queso cortado en lonchas finas – 1 huevo
pan rallado – palillos
para la guarnición: un poco de ensalada

ELABORACIÓN

Lavar las berenjenas y, sin pelarlas, las cortamos a rodajas de unos seis o siete milímetros de grosor, que a continuación abriremos por la mitad, formando un librito, pero sin dejar que se separe completamente. Cortar los tomates a rodajas finas. A continuación, cogemos una rodaja de berenjena y la rellenamos con una loncha de queso y una rodaja de tomate. Podemos fijar el extremo abierto del librito con un palillo.

Seguidamente, pasamos cada porción de berenjena por huevo batido, rebozamos en el pan rallado y freímos.

Podemos acompañar el plato con un poco de ensalada.

Calabacines rellenos

INGREDIENTES PARA 4 PERSONAS

4 calabacines medianos – 1 cebolla – 1 pimiento rojo
2 zanahorias – 2 tomates – aceite de oliva – queso rallado
orégano – tomillo – sal
para la guarnición: 1 endibia, 1 puerro, 1 puñado de nueces, 1 manzana y un puñado de aceitunas negras

ELABORACIÓN

Lavar bien los calabacines y partirlos en dos mitades, a lo largo. Con una cuchara procedemos a vaciarlos, cuidando de que las cáscaras queden con un grosor aproximado de tres milímetros.

En una sartén aparte, rehogamos la cebolla en dos cucharadas de aceite de oliva hasta que quede dorada. Seguidamente, añadimos el resto de los ingredientes, junto con la pulpa de los calabacines, cortados en juliana, y aderezamos con sal y las hierbas. Removemos bien y rehogamos durante unos minutos.

Rellenamos los calabacines con la mezcla obtenida y los colocamos en una fuente para horno, que habremos engrasado previamente con aceite o mantequilla. Espolvoreamos bien de queso y gratinamos.

Decoramos los platos situando dos mitades de calabacín y añadiendo una mezcla compuesta por las endibias y los puerros cortados a rodajas, las nueces cortadas a trocitos, las manzanas a láminas, y las aceitunas negras, que situaremos a un lado de los calabacines o alrededor del plato.

Enrejado de espinacas

Para este plato podemos emplear también acelgas u otra verdura.

INGREDIENTES PARA 4 PERSONAS

1 kg de espinacas frescas – 2 cucharadas de mantequilla
1 cebolla – 150 g de pasas de Corinto
2 huevos – 1 vaso de crema de leche
100 g de queso rallado – 300 g de queso gruyère – sal

ELABORACIÓN

Cocer las espinacas, escurrirlas bien y cortarlas.

En una sartén grande fundimos la mantequilla y doramos en ella la cebolla, junto con las pasas. Añadimos las espinacas y removemos bien. Retiramos del fuego.

Aparte, batimos los huevos con la crema de leche, la sal y el queso rallado, y lo echamos encima de las espinacas.

Engrasamos con un poco de mantequilla un molde para tarta, añadimos la mezcla obtenida y decoramos por encima con unos bastoncitos de queso gruyère, formando como un enrejado.

Horneamos durante quince minutos, y ya está listo para servir.

Flan de calabacín

INGREDIENTES PARA 4 PERSONAS

4 calabacines – 3 cebollas – 2 cucharadas de mantequilla
1 bote de crema de leche – 4 quesitos – 3 huevos
pimienta – sal

ELABORACIÓN

Precalentar el horno a 190 °C y preparar un molde rectangular, untándolo con mantequilla y espolvoreándolo con un poco de harina.

Cortar las cebollas y calabacines en trozos pequeños (los calabacines se pueden dejar con la piel).

En una sartén, fundimos la mantequilla y rehogamos las cebollas y los calabacines unos diez minutos, removiendo de vez en cuando. Retiramos del fuego y echamos el contenido en el vaso de la batidora, añadiendo la crema de leche, los quesitos y los huevos. Sazonamos. Batimos bien y echamos la masa obtenida en el molde quc habíamos preparado.

Introducimos en el horno y cocemos al baño de María de cuarenta y cinco minutos a una hora.

Antes de desmoldar, dejamos enfriar un poco.

Se puede comer frío o caliente. Antes de servir, lo adornamos con unas tiras de pimiento rojo asado y unas aceitunas negras.

Pastel de berenjenas

INGREDIENTES PARA 4 PERSONAS

4 berenjenas – 1 cebolla – 4 huevos
1 vaso de crema de leche – 1 vaso de caldo de verduras
4 cucharadas de aceite de oliva – mantequilla
pan rallado – pimienta – sal
para la guarnición: sofrito de tomate

ELABORACIÓN

Precalentar el horno a 200 °C.

En una sartén, ponemos el aceite y doramos una cebolla cortada en juliana. Cuando esté dorada, añadimos las berenjenas, que también habremos cortado muy finamente, y rehogamos durante unos minutos. Seguidamente, incorporamos el caldo y proseguimos la cocción, a fuego muy suave, unos veinte minutos. Retiramos del fuego y trituramos bien, agregando los huevos y la crema de leche, y salpimentamos.

Engrasamos con un poco de mantequilla un molde redondo para tartas y lo espolvoreamos con harina, sacudiéndolo luego bien, boca abajo, para sacar el exceso de la misma. Una vez listo el molde, pasamos a rellenarlo con la crema de berenjenas y espolvoreamos encima con el pan rallado.

Introducimos en el horno ya caliente y se deja cocer de diez a quince minutos, hasta que cuaje el pastel (sabremos si está cocido pinchándolo con un palillo, que tiene que salir limpio).

Se puede servir caliente o a temperatura ambiente, acompañado de un poco de salsa de tomate.

Berenjenas a los quesos

INGREDIENTES PARA 4 PERSONAS

3 berenjenas grandes – 2 tomates grandes, maduros
100 g de queso de cabra fresco – 50 g de queso parmesano
100 g de requesón – 1 huevo – 2 vasos de caldo de verduras
orégano – albahaca fresca – nuez moscada
pimienta – sal
para la guarnición: 4 ramitas de perejil fresco,
unos rabanitos y un puñado de aceitunas negras

ELABORACIÓN

Limpiar dos de las berenjenas y, sin pelar, las cortamos en lonchas, a lo largo, de un grosor aproximado de un centímetro. Las cocemos al vapor o a la plancha, y las reservamos.

Aparte, mezclamos los quesos y el huevo con la ayuda de un tenedor, y aderezamos con sal, pimienta, orégano y nuez moscada.

Pelamos la tercera berenjena, la cortamos a dados y la ponemos a cocer con el caldo de diez a quince minutos. Retiramos del fuego y añadimos los tomates y la albahaca fresca. Luego trituramos bien hasta conseguir una salsa suave.

Cogemos las lonchas de berenjena, añadimos en el centro una cucharada sopera de la mezcla de los quesos y enrollamos.

En una fuente para horno, previamente engrasada con un poco de aceite o de mantequilla, colocamos los rollitos de berenjena y horneamos hasta que el queso empiece a fundirse.

Seguidamente, pasamos a montar los platos disponiendo en cada uno de ellos tres o cuatro rollitos de berenjena y regándolos con la salsa que hemos preparado. Adornamos con un ramillete de perejil, un rabanito y un par de aceitunas negras.

Nabos a la crema

A continuación, presento otro de los sencillos platos pertenecientes a la cocina tradicional gallega.

INGREDIENTES PARA 4 PERSONAS

1 ½ kg de nabos – 2 huevos – 1 cucharada de mantequilla
1 l de caldo vegetal – 1 vaso de nata líquida

2 cucharadas de leche – 1 cucharada de maizena
1 ramita de perejil fresco – 1 cucharadita de azúcar integral
4 cucharadas de aceite de oliva – sal

Elaboración

Lavar los nabos, partirlos en cuatro trozos y cocerlos al vapor unos cinco minutos. Escurrimos y reservamos.

En una sartén, ponemos la mantequilla y el aceite, y cuando estén calientes, echamos los nabos y los rehogamos hasta que estén dorados, aderezándolos con sal y azúcar.

Vertemos el caldo en una cacerola de barro y añadimos en ella los nabos (sin la grasa). La tapamos y dejamos que cueza a fuego suave hasta que se haya evaporado casi la totalidad del caldo. Seguidamente, incorporamos la nata líquida y cocemos cinco minutos más.

Aparte, batimos los huevos con la leche y la maizena, y lo vertemos encima de los nabos, removiendo bien y prosiguiendo la cocción (procurando que no llegue a hervir) hasta que la salsa espese.

Retirar del fuego, espolvoreamos con el perejil fresco picado y servimos.

Pastel de espinacas

INGREDIENTES PARA 4 PERSONAS

1 kg de patatas – 2 kg de espinacas frescas – 1 cebolla
2 dientes de ajo – 1 cucharada de harina integral
1 bote de crema de leche – 2 huevos – leche
mantequilla – sal
para la guarnición: 100 g de piñones

ELABORACIÓN

Precalentar el horno a 190 °C.

Se cuecen las patatas y, luego, con un poco de mantequilla y leche, se prepara un puré espeso.

Mientras, en una olla aparte cocemos las espinacas al vapor durante diez minutos. Retiramos, las escurrimos bien y las cortamos a trozos pequeños.

Con dos cucharadas de mantequilla, sofreímos la cebolla y los ajos, cortados en juliana, hasta que estén doraditos. Añadimos la harina, salpimentamos y retiramos del fuego.

Preparar un molde hondo, engrasándolo con mantequilla y espolvoreándolo con harina (sacudiéndolo, boca abajo, a fin de eliminar el exceso de harina). Seguidamente, pasamos a forrar el fondo y las paredes del molde con el puré de patatas.

Incorporamos las espinacas al sofrito, echamos los huevos batidos y la crema de leche, y mezclamos cuidadosamente. Rectificamos la sazón y rellenamos el molde con la masa obtenida.

Introducimos en el horno caliente y dejamos gratinar de diez a quince minutos.

En una sartén bien caliente, doramos los piñones y luego los echamos encima del pastel. Y ya está a punto para servir.

Cebollas glaseadas

INGREDIENTES PARA 4 PERSONAS

1 kg de cebollas (preferiblemente pequeñas)
100 g de mantequilla – 150 g de azúcar moreno
1 vaso de vino blanco – caldo de verduras
pimienta blanca – sal
para la guarnición: unas ramitas de brécol

ELABORACIÓN

En una cazuela de barro se funde la mantequilla y se sofríen las cebollitas, peladas y enteras, hasta que queden bien doradas. A continuación, añadimos el azúcar y el vino, y salpimentamos. Removemos con cuidado, agregamos un poquito de caldo y dejamos cocer a fuego muy suave hasta que las cebollas estén blandas.

Se puede servir directamente en la cazuela o en platos individuales, que adornaremos con unas ramitas de brécol al vapor.

IV

CEREALES

1. ARROCES Y OTROS GRANOS

Maíz con nata líquida

INGREDIENTES PARA 4 PERSONAS

1 kg de maíz – 2 vasos de nata líquida – pimienta – sal

ELABORACIÓN

Cocer el maíz al vapor. Se bate la nata con la sal y la pimienta y se agrega al maíz. Servir en una fuente honda.

Arroz con costra

INGREDIENTES PARA 4 PERSONAS

4 tacitas de arroz integral – 8 tacitas de caldo de verduras
8 huevos – 1 kg de tomates maduros
unas hebras de azafrán – perejil fresco, picado
5 cucharadas de aceite de oliva – sal

ELABORACIÓN

Precalentamos el horno a 200 °C.

En una cazuela de barro, con el aceite sofreímos los tomates. Cuando esté bien cocido, añadimos el arroz y el perejil, salpimentamos y removemos bien. Introducimos la cazuela en el horno y dejamos cocer quince minutos.

Sacamos la cazuela, echamos por encima los huevos batidos e introducimos nuevamente en el horno hasta que se dore bien.

Se sirve caliente.

Arroz chino

INGREDIENTES PARA 4 PERSONAS

4 tacitas de arroz integral
agua o caldo de verduras para la cocción

3 cucharadas de aceite – 1 taza de guisantes al vapor
½ taza de zanahoria a cuadraditos, al vapor – 2 puerros
1 cucharadita de curry – 100 g de almendras tostadas
2 huevos – pimienta – sal

ELABORACIÓN

Cocemos el arroz.

Mientras, en una cacerola con el aceite doramos los puerros cortados a rodajitas, y aderezamos con el curry, la sal y la pimienta. Removemos bien y reservamos.

Aparte, hacemos una tortilla con los huevos y luego la cortamos a tiras finas. Seguidamente, agregamos la tortilla al sofrito de puerros, añadimos los guisantes y las zanahorias, junto con las almendras troceadas, y, cuando el arroz esté cocido, lo mezclamos y sofreímos todo, suavemente, durante un par de minutos.

Se pasa a una fuente y se sirve.

Arroz a la cubana

INGREDIENTES PARA 4 PERSONAS

4 tacitas de arroz integral – agua o caldo de verduras para la cocción – 4 plátanos – 4 huevos – salsa de tomate – sal

ELABORACIÓN

Se cuece el arroz y luego se cuela. Rellenar un cuenco pequeño de plástico con arroz y volcarlo encima de cada plato, sobre un fondo de salsa de tomate, disponiendo uno o dos pastelillos por comensal. Según sea el tamaño del cuenco.

Aparte, freímos un huevo por comensal y lo vamos colocando en cada plato. En otra sartén, freímos los plátanos, cortados a lo largo, y disponemos ambas mitades también en el plato, junto con el pastelillo de arroz.

Pastel de arroz a los quesos

INGREDIENTES PARA 4 PERSONAS

4 tacitas de arroz integral – agua o caldo de verduras para la coción – 50 g de queso emmental – 50 g de queso de tetilla 50 g de queso manchego seco – 50 g de queso de bola 150 g de queso gruyère – 1 vaso de leche – 1 huevo 2 cucharadas de mantequilla 2 cucharadas de pan rallado – sal

ELABORACIÓN

Precalentar el horno a 190 °C.

Cocer el arroz, cuidando bien de que no se pase. Colamos y mezclamos con la mantequilla. Reservamos.

Aparte, cortamos todos los quesos a dados pequeñitos, excepto el gruyère, y los mezclamos en un cazo con el pan rallado.

Untar un molde alto con mantequilla en el que se dispone una capa de arroz, bien apretado, otra con la mezcla de los quesos, otra de arroz, y así hasta finalizar con una capa de arroz, siempre bien apretado. Echamos la leche bien mezclada con el huevo batido, cuidando de que empape bien todo el pastel, e introducimos en el horno caliente unos quince minutos.

Se saca del horno, se desmolda, y se adorna con unas tiras largas de queso gruyère, que, con el calor del pastel, se fundirán un poco.

Servir inmediatamente.

Arroz con repollo

INGREDIENTES PARA 4 PERSONAS

4 tacitas de arroz integral – agua o caldo de verduras para la cocción – ½ vaso de leche – ½ vaso de crema de leche 4 cucharadas de aceite de oliva – 1 cebolla grande 1 repollo – mantequilla – pimienta negra pimienta de cayena – sal

ELABORACIÓN

Precalentar el horno a 190 °C.

Cocemos el arroz y, en una olla aparte, también el repollo. Escurrimos bien.

En el aceite, freímos las cebollas, cortadas en juliana, hasta que estén bien doradas. Salpimentamos y añadimos la leche y la crema de leche. Mezclamos bien y reservamos.

Engrasamos una fuente para horno con la mantequilla y colocamos una capa de repollo, otra de arroz, otra con el sofrito, otra de arroz, y finalizamos con el resto del repollo. Introducimos en el horno caliente y lo dejamos cocer unos diez minutos. Y ya está listo para servir.

Risotto de arroz

INGREDIENTES PARA 4 PERSONAS

4 tacitas de arroz integral – agua o caldo de verduras para la cocción – 1 cebolla grande – 2 dientes de ajo
4 cucharadas de mantequilla
100 g de queso parmesano rallado
50 g de queso gruyère rallado – pimienta – sal

ELABORACIÓN

Cocer el arroz en el caldo de verduras, colamos y reservamos.

Mientras, en una sartén aparte fundimos la mantequilla y sofreímos la cebolla y los ajos, cortados en juliana, hasta que estén dorados. Salpimentamos y añadimos el arroz y los quesos. Rehogamos durante uno o dos minutos y luego lo colocamos en una fuente. Servimos inmediatamente.

Arroz a la milanesa

Ingredientes para 4 personas

4 tacitas de arroz integral – agua o caldo de verduras para la cocción – 5 cucharadas de mantequilla – 1 cebolla grande 2 puerros – 1 diente de ajo – 100 g de queso rallado pimienta – sal – 1 cucharadita de las de café de pimentón dulce

Elaboración

Precalentar el horno a 190 °C.

Mientras, en una cacerola de barro fundimos la mantequilla y rehogamos la cebolla, los puerros y el ajo, cortados en juliana, hasta que estén dorados. Salpimentamos y añadimos el pimentón dulce y el caldo vegetal. Cuando arranque a hervir, echamos el arroz y cocemos veinte minutos (como siempre, el tiempo de cocción y el volumen de líquido dependerán del tipo de arroz que estemos utilizando). Retiramos del fuego, se agrega el queso y se remueve bien.

Se hornea durante cinco minutos, y se sirve caliente.

Arroz al curry

Ingredientes para 4 personas

4 tacitas de arroz integral – caldo de verduras para la cocción
3 cucharadas de aceite – 100 g de coco rallado
4 cucharadas de mantequilla – ½ l de leche
2 cebollas grandes – 2 dientes de ajo – 3 manzanas
2 cucharaditas de las de postre de curry – pimienta – sal

Elaboración

Ponemos el coco a remojar en la leche.

Picamos muy finamente el ajo y una cebolla, y los sofreímos en una cazuela con el aceite y la mitad de la mantequilla. Cuando empiecen a estar transparentes, añadimos el caldo, y, cuando arranque a hervir, salpimentamos, echamos la mitad del curry (o más, según preferencias) y el arroz. Dejamos cocer.

Aparte, y con el resto de la mantequilla, sofreímos la otra cebolla y, cuando esté dorada, agregamos el coco con la leche y las manzanas peladas y cortadas a trozos muy pequeños. Aderezamos con curry, sal y pimienta (es interesante que el plato tenga un toque picante) y, removiendo de vez en cuando, dejamos cocer de diez a quince minutos.

Se sirve directamente en la cazuela y con el estofado de cebolla y manzana en una fuente al lado. Podemos espolvorear un poco de curry encima del arroz.

Rollos de col con arroz

Ingredientes para 4 personas

8 hojas grandes de col blanca – 2 tazones de arroz integral cocido – 1 cebolla grande – 100 g de almendras tostadas troceadas – 100 g de pasas de Corinto
1 cucharadita de las de café de cominos molidos
una pizca de nuez moscada – pimienta – sal
3 cucharadas de mantequilla – 1 tacita de crema de leche
½ pimiento rojo, muy finamente picado
para la decoración: salsa de almendras, tomates de cereza y unas rodajas de pepino crudo

Elaboración

Escaldar las hojas de col durante un minuto a fin de que se ablanden ligeramente.

En una sartén, fundimos la mantequilla y doramos la cebolla, que habremos picado muy finamente. Cuando esté dorada, añadimos el resto de los ingredientes y les damos unas vueltas, a fuego medio, durante un par de minutos.

En cada hoja de col depositaremos un par de cucharadas de la mezcla de arroz y luego las enrollaremos.

Decoramos los platos con un fondo de salsa de almendras, colocando encima un par de rollos de col, unos tomates de cereza y un par de rodajas de pepino.

2. PASTAS

Canelones de espinacas

INGREDIENTES PARA 4 PERSONAS

20 láminas de canelones – 1 kg de espinacas cocidas, bien escurridas – 2 huevos – 1 cebolla grande – 2 dientes de ajo
2 manzanas – un puñado de pasas de Corinto
salsa bechamel – queso rallado
1 cucharada de mantequilla
3 cucharadas de aceite de oliva – pimienta – sal

ELABORACIÓN

Cocer las láminas de los canelones echándolas, una a una, en una olla con mucha agua hirviendo, con un poco de sal y aceite. Hay que procurar que no cese la ebullición e ir removiendo de vez en cuando, muy suavemente, con una cuchara de palo, a fin de que no se rompa la pasta.

Finalizada la cocción (dependerá de la marca, pero lo normal es alrededor de los doce minutos), echamos los canelones en un recipiente con agua fría y los dejamos un rato. Una vez fríos, los vamos extendiendo encima de un paño de cocina limpio para proceder a su relleno.

Mientras la pasta se va cociendo, preparamos el relleno. En una sartén, fundimos la mantequilla y doramos la cebolla y los ajos. A continuación, añadimos la manzana cortada a trocitos pequeños, las pasas, las espinacas y los huevos batidos. Aderezamos al gusto, removemos bien y cocemos de cinco a diez minutos.

Colocamos una cucharada de relleno en cada canelón, los enrollamos y los vamos colocando, uno junto a otro, en una bandeja para horno, previamente engrasada con un poco de mantequilla. Cuando estén todos los canelones preparados, los cubrimos con una salsa bechamel no demasiado espesa, espolvoreamos con el queso, ponemos unos taquitos de mantequilla por encima y gratinamos.

Canelones de queso

Ingredientes para 4 personas

20 láminas de canelones – 100 g de requesón
100 g de que gruyère rallado – 200 g de queso de tetilla, cortado a trocitos pequeños – 100 g de queso parmesano rallado – 2 huevos – orégano – salsa bechamel
queso rallado (para gratinar) – 1 cucharada de mantequilla

Elaboración

Cocer y preparar las láminas de los canelones tal como se indica en la receta de canelones de espinacas.

Aparte, preparamos el relleno, mezclando con un tenedor los quesos con los huevos y dándoles un toque de orégano.

Rellenamos cada canelón con una cucharada de esta pasta, los enrollamos y los vamos colocando, uno al lado del otro, en una fuente para horno, que habremos engrasado previamente con mantequilla. Cubrimos con la salsa bechamel, esparcimos el queso rallado por encima, añadiendo unos taquitos de mantequilla, y gratinamos hasta que esté bien dorado.

Canelones rebozados

INGREDIENTES PARA 4 PERSONAS

20 láminas de canelones – 2 cucharadas de mantequilla
3 cucharadas de harina integral – 1 ½ vasos de leche
200 g de champiñones – 3 huevos – pan rallado
aceite de oliva (para freír) – pimienta – sal
para la decoración: unas hojas de lechuga
y una ramita de perejil fresco

ELABORACIÓN

Cocer las láminas de canelones tal como se indica en la receta de los canelones de espinacas.

Lavamos bien los champiñones y los cortamos a trozos bien pequeños. Los ponemos en una cazuela y los dejamos cocer hasta que se haya evaporado completamente el líquido que sueltan.

Aparte, en una sartén grande, fundimos la mantequilla, añadimos la harina y la doramos bien, sin dejar de remover. Poco a poco vamos echando la leche, formando una bechamel bien espesa. Agregamos los champiñones, un huevo batido, salpimentamos y, removiendo todo bien, cocemos cinco minutos. Dejamos enfriar y rellenamos los canelones depositando una cucharada de masa en cada uno de ellos y enrollándolos.

Los mojamos en huevo batido, rebozamos con el pan rallado y freímos.

Los disponemos en una fuente llana de servir, que adornaremos colocando un poco de lechuga en juliana por los bordes y con una ramita de perejil fresco encima de los canelones.

Canelones de zanahorias y col

INGREDIENTES PARA 4 PERSONAS

20 láminas de canelones – 4 zanahorias grandes – 1 cebolla
5 hojas de col blanca – 1 hoja de laurel – aceite de oliva
salsa bechamel – queso rallado – pimienta – sal

ELABORACIÓN

Cocer las láminas de los canelones siguiendo las instrucciones que aparecen en la receta de los canelones de espinacas.

Mientras, en una sartén ponemos cuatro cucharadas de aceite de oliva y rehogamos la cebolla, finamente picada, hasta que empiece a tomar color. A continuación, añadiremos las zanahorias ralladas y la col cortada a tiritas muy finas. Aderezamos, agregamos el laurel y cocemos unos diez minutos.

Retiramos del fuego y procedemos a rellenar los canelones, depositando una cucharada de la mezcla en cada uno de ellos y enrollándolos. Los vamos colocando en fila en una fuente de horno, los cubrimos de bechamel, espolvoreamos con el queso rallado y ponemos a gratinar hasta que el queso esté doradito.

Canelones de zanahorias y setas

INGREDIENTES PARA 4 PERSONAS

20 láminas de canelones – 3 zanahorias grandes
200 g de setas – 1 cebolla grande – 2 dientes de ajo
1 ramita de perejil fresco – aceite de oliva – salsa bechamel
queso rallado – pimienta – sal

ELABORACIÓN

Cocemos los canelones según las instrucciones de la receta de canelones de espinacas.

En una sartén, ponemos cuatro cucharadas de aceite

de oliva y sofreímos la cebolla y los ajos hasta que estén dorados. Añadimos las zanahorias ralladas, las setas cortadas a finas láminas, salpimentamos, agregamos el perejil fresco y rehogamos hasta que se haya evaporado el agua que sueltan las setas.

Rellenamos cada canelón con una cucharada del estofado, los enrollamos y los vamos colocando en una fuente para horno. Los cubrimos con la salsa bechamel y esparcimos el queso rallado por encima. Gratinar.

Lasaña de espinacas, setas y pasas

INGREDIENTES PARA 4 PERSONAS

400 g de lasaña fresca – 800 g de espinacas
300 g de setas – 2 dientes de ajo – 1 ramita de perejil fresco
150 g de pasas de Corinto – 80 g de piñones
2 cucharadas de mantequilla – salsa bechamel
queso rallado – sal

ELABORACIÓN

Cocer las láminas de lasaña siguiendo las instrucciones que aparecen en la receta de los canelones de espinacas.

En una olla, cocemos las espinacas al vapor, las escurrimos bien (reservando el caldo para la elaboración de algún otro plato) y las cortamos a trozos.

En una sartén, derretimos la mantequilla y doramos los ajos cortados a láminas finas. Añadimos las setas, cortadas también a láminas, y cuando se haya evaporado el líquido que sueltan, incorporamos las espinacas bien escurridas, el perejil finamente picado, las pasas y los piñones, y sazonamos al gusto. Removemos todo junto y cocemos un par de minutos más.

A continuación, engrasamos con un poco de mantequilla la fuente para horno y colocamos una capa de lasaña, otra del relleno de espinacas, otra de lasaña, y así hasta terminar el relleno, cuidando que la última capa sea de lasaña. Cubrimos con bechamel, añadimos el queso rallado por encima y gratinamos.

Lasaña de maíz

INGREDIENTES PARA 4 PERSONAS

16 láminas de lasaña – 300 g de maíz cocido
6 cucharadas de harina integral – 3 vasos de leche
salsa de tomate – queso rallado – orégano
nuez moscada – mantequilla – pimienta – sal

ELABORACIÓN

Poner a cocer las láminas de la lasaña, según las instrucciones del paquete. Removerla de vez en cuando con una espátula de madera, con cuidado, para evitar que las láminas se peguen entre sí.

Mientras se cuece la pasta, en una cacerola ponemos el maíz, junto con la harina. Añadimos la leche, salpimentamos y aderezamos con nuez moscada al gusto. Mezclamos todo bien a fin de que la bechamel sea bastante espesa, evitando que se formen grumos.

Preparamos una fuente para horno, engrasándola con un poco de mantequilla.

Cuando la pasta esté cocida, añadimos agua fría en la olla.

Ponemos una capa de lasaña en el fondo, esparcimos la mitad del relleno de maíz, cubrimos con otra capa de pasta y repetimos la operación. Finalmente, tapamos con la tercera capa de pasta y cubrimos el conjunto con la salsa de tomate, aderezada con abundante orégano. Espolvoreamos con queso rallado, añadimos unas bolitas de mantequilla por encima y gratinamos.

Macarrones con berenjenas

INGREDIENTES PARA 4 PERSONAS

300 g de macarrones – 3 berenjenas grandes
500 g de tomates maduros – 1 cebolla grande
3 cucharadas de aceite de oliva – 2 yemas de huevo duro

100 g de almendras crudas molidas – pimienta – sal
un poco de albahaca seca
para la decoración: perejil fresco y aceitunas negras

Elaboración

Cocer las berenjenas (al vapor, al horno o a la plancha). Batimos las berenjenas con las yemas del huevo, las almendras y un poco de sal.

En una sartén, echamos el aceite y doramos la cebolla, que habremos cortado a trocitos pequeños. Cuando esté lista, añadimos los tomates, previamente triturados. Cocemos unos diez minutos y agregamos la pasta de las berenjenas. Rectificamos la sazón, aderezamos con la albahaca y cocemos, a fuego medio, durante diez minutos más.

Se puede servir en una fuente honda, mezclando la salsa con los macarrones, o bien servir la ración de macarrones en cada plato añadiendo la salsa por encima.

Adornar con unas aceitunas negras y unas hojas de perejil fresco.

Macarrones a las hierbas

Ingredientes para 4 personas

400 g de macarrones – 1 bote de crema de leche
2 cucharadas de mantequilla – 100 g de queso parmesano

rallado – hierbabuena – perejil fresco
albahaca fresca – hinojo – tomillo – pimienta – sal

ELABORACIÓN

Cocer los macarrones en abundante agua con sal, cuidando de dejarlos *al dente*. Escurrimos y reservamos.

Mientras la pasta se va cociendo, en una sartén fundimos la mantequilla y añadimos la crema de leche. A continuación echamos las hierbas, picadas muy finamente, en la cantidad que más guste, y salpimentamos. Damos unas vueltas, retiramos rápidamente del fuego y agregamos el queso rallado.

Mezclamos los macarrones con la salsa, y ya están a punto para servir.

Raviolis de espinacas con salvia

INGREDIENTES PARA 4 PERSONAS

400 g de raviolis rellenos de espinacas
2 cucharadas de mantequilla
100 g de queso parmesano rallado – ½ vaso de leche
unas hojas de salvia

ELABORACIÓN

Cocer los raviolis en abundante agua. Escurrimos y reservamos.

En una sartén, fundimos la mantequilla y echamos la salvia muy picada. Añadimos la leche y el queso, salpimentamos y cocemos muy brevemente.

Colocamos los raviolis en una fuente de servir y cubrimos con la salsa.

Tortellinis con salsa de puerros

INGREDIENTES PARA 4 PERSONAS

400 g de tortellinis rellenos de queso o de espinacas
4 puerros – 4 cucharadas de aceite de oliva
2 cebollas – una cucharadita de la de postres de alcaparras
½ vaso de leche – ½ vaso de vino blanco
aceitunas negras – orégano – perejil fresco
pimienta – sal

ELABORACIÓN

Cocer los tortellinis en abundante agua con sal y luego escurrir.

Picamos muy finamente la cebolla y la doramos. Cuando esté a punto, añadimos los puerros, cortados a trozos pequeños, y cocemos a fuego lento hasta que los puerros estén bien hechos. Aderezamos con el orégano, la sal y la pimienta, y agregamos el vino. Removemos y seguimos la cocción diez minutos más. Seguidamente, echamos la leche y las aceitunas negras y damos unas vueltas dos o tres minutos más.

Colocamos los tortellinis en una fuente, o directamente en cada plato, y echamos la salsa por encima.

Espaguetis con alcaparras

INGREDIENTES PARA 4 PERSONAS

400 g de espaguetis – 2 huevos duros – 50 g de alcaparras
1 cucharadita de las de café de orégano
1 cucharadita de las de café de perejil fresco picado
2 cucharadas de aceite de oliva
½ vaso de caldo de verduras – pimienta – sal
queso rallado (preferiblemente parmesano)

ELABORACIÓN

Cocer los espaguetis en abundante agua salada hasta que estén *al dente*, y luego escurrir.

En un cuenco, echamos el aceite y añadimos los huevos duros a tacos pequeños, el caldo, las alcaparras, el orégano, el perejil y un poco de pimienta. Removemos bien y ya tenemos la salsa lista para echar encima de los espaguetis.

Finalmente espolvoreamos con el queso rallado.

Espaguetis a la romana

INGREDIENTES PARA 4 PERSONAS

400 g de espaguetis – 2 huevos duros
1 bote de crema de leche – 80 g de piñones
1 cucharada de alcaparras
150 g de aceitunas verdes deshuesadas
1 cucharada de perejil fresco picado
1 cucharadita de orégano – 1 diente de ajo
pimienta – sal

ELABORACIÓN

Cocer los espaguetis en abundante agua con sal hasta que estén *al dente*. Escurrir y depositarlos en una fuente honda de servir.

Aparte, picamos el ajo y los huevos bien finos y los ponemos en un cazo, junto con las alcaparras, las aceitunas verdes partidas por la mitad, el perejil, el orégano, los piñones y la crema de leche. Salpimentamos y mezclamos bien. Esparcimos por encima de la pasta.

Espaguetis con soja

INGREDIENTES PARA 4 PERSONAS

400 g de espaguetis – 200 g de maíz cocido
200 g de brotes de soja
2 cucharadas de aceite de oliva
unas hojas de albahaca fresca – pimienta – sal

ELABORACIÓN

Cocemos los espaguetis con abundante agua con sal, hasta que estén *al dente*, escurrimos y los colocamos en una fuente honda.

En un cuenco aparte, mezclamos el maíz con la soja germinada, el aceite de oliva y la albahaca picada. Aderezamos con sal y pimienta, y lo echamos encima de los espaguetis.

3. COCAS, PIZZAS, EMPANADAS, QUICHES...

Empanada de queso y setas

La receta de esta empanada es típica gallega. Aquí sugerimos un relleno de queso, pero se puede rellenar de casi cualquier cosa.

Ingredientes para la masa

2 tacitas de agua – ½ tacita de aceite de oliva
6 ½ tacitas de harina integral
levadura (del tamaño de una nuez) – sal

Si en vez de la empanada gallega queremos hacer la leonesa, los ingredientes para la masa serían los siguientes:

1 vaso de agua o de cerveza
1 vaso de aceite, margarina o mantequilla
2 huevos – harina integral
(la que admita, aproximadamente ½ kg) – sal

En este caso, hay que trabajar bien la masa y dejarla reposar varias horas (tapada). Normalmente es una buena idea prepararla por la noche, pues así a la mañana siguiente podemos ya preparar la empanada.

Ingredientes para el relleno

300 g de queso de tetilla – 300 g de requesón
300 g de setas – 1 cebolla – ajo
perejil – aceite de oliva

Elaboración

Precalentar el horno a 200 °C.

Mezclamos y trabajamos bien todos los ingredientes para

la masa de la empanada y dejamos reposar de media hora a una hora.

Preparamos una lata o bandeja para horno, untándola con un poco de aceite o mantequilla y espolvoreándola con un poco de harina, a fin de evitar que se pegue.

En una sartén, doramos la cebolla, finamente cortada, y luego añadimos las setas cortadas a láminas. Dejamos cocer, a fuego suave, hasta que el líquido que sueltan las setas se haya evaporado.

Dividimos la masa en dos mitades y las extendemos con el rodillo, forrando la bandeja con una de ellas y cuidando de dejar que suba un poco por los bordes de la misma. La pinchamos un poco con un tenedor, para facilitar así la cocción.

Seguidamente, añadimos los quesos cortados a tacos más bien pequeños y echamos por encima el sofrito de setas. Salpimentamos, espolvoreamos con el ajo y el perejil, y cubrimos con el resto de la masa, sellándola bien por los bordes. Si ha sobrado algo de masa, se puede aprovechar para aplicar adornos encima de la empanada. Pinchamos con cuidado la superficie, con ayuda de un tenedor o un palillo, y metemos en el horno hasta que veamos que está dorada. Sacamos un momento del horno, la pintamos con un poco de aceite de oliva, a fin de que quede brillante, y la introducimos de nuevo unos minutos más.

Se suele comer fría, pero también puede comerse caliente.

Empanadillas con espinacas

En la receta se propone un relleno pero, como de costumbre, podemos utilizar cualquier otra verdura, queso, una mezcla de ambos o restos de comidas anteriores.

Ingredientes para la masa de las empanadillas para 6 personas

300 g de harina integral – 175 g de mantequilla – 1 huevo

Ingredientes para el relleno

200 g de espinacas cocidas, bien escurridas
150 g de champiñones – 1 tazón de arroz integral hervido
1 huevo – 1 cucharada de mantequilla – pimienta – sal

Elaboración

Trabajar bien, a mano, los ingredientes para la masa. Cuando esté lista, la extendemos con un rodillo, y con un bol o vaso, puesto boca abajo, pasamos a cortar obleas de masa del tamaño adecuado.

En una sartén, fundimos la mantequilla, añadimos los champiñones, limpios y cortados a láminas finas, y rehogamos hasta que se haya evaporado el líquido que sueltan. Salpimentamos y retiramos del fuego. Agregamos el huevo, el arroz y las espinacas, y mezclamos bien.

Vamos colocando una cucharada del relleno encima de cada oblea, las doblamos por la mitad y las sellamos con ayuda de un tenedor.

A continuación, ya sólo queda freírlas en abundante aceite de oliva, bien caliente.

Al terminar la fritura, colocamos las empanadillas unos momentos encima de papel absorbente a fin de retirar el exceso de aceite.

Pizza

Ingredientes para la masa

350 g de harina integral – 25 g de levadura de pan
2 tacitas de agua templada
1 cucharada de aceite de oliva – sal

Ingredientes para el relleno

Los ingredientes pueden variar al gusto de cada uno. Los básicos son:

puré de tomate – queso mozzarella – queso parmesano
orégano – aceite de oliva – sal

A partir de ahí, se pueden hacer las pizzas más variadas. Por ejemplo: cuatro quesos (emmental, mozzarella, parmesano y roquefort) de verduras (alcachofas, cebolla, aceitunas negras, judías tiernas y calabacín) de setas variadas.

Elaboración

Precalentar el horno a 200 °C.

Hacer la masa y dejar reposar durante media hora. Extender con el rodillo y luego forrar una bandeja de horno con ella.

Esparcimos encima una buena cantidad de puré de tomate y añadimos los ingredientes que queramos. Agregamos los quesos y el orégano, y sazonamos con sal y un chorrito de aceite.

Los ingredientes se pueden cortar a rodajas grandes, a tiritas o en la forma que se desee, para ir variando la apariencia de la pizza.

Por último horneamos unos treinta a cuarenta minutos.

Quiche de espárragos

Ingredientes para la masa para 4 a 6 personas

150 g de harina integral – 75 g de mantequilla

INGREDIENTES PARA EL RELLENO

2 manojos de espárragos blancos, frescos – 3 huevos
100 g de queso rallado (de una o distintas variedades)
1 bote de crema de leche

ELABORACIÓN

Precalentar el horno a 190 °C.

Con la harina y la mantequilla preparamos una pasta con la que forraremos un molde redondo, que previamente habremos preparado engrasándolo con mantequilla y espolvoreándolo con harina.

Cocemos la pasta en el horno de diez a quince minutos.

Aparte, pelamos los espárragos y los hervimos. Escurrimos (como siempre, reservamos el caldo para otros menesteres), los cortamos y los disponemos encima de la masa. Seguidamente, batimos los huevos con la crema de leche y añadimos el queso rallado. Lo echamos por encima de los espárragos y horneamos quince minutos más.

Finalmente, gratinamos.

Quiche de espinacas

INGREDIENTES PARA LA MASA PARA 4 A 6 PERSONAS

150 g de harina integral – 75 g de mantequilla

INGREDIENTES PARA EL RELLENO

400 g de espinacas – 250 g de requesón – 3 huevos
1 cucharada de mantequilla – 100 g de queso rallado
1 bote de crema de leche

ELABORACIÓN

Precalentar el horno a 190 °C.

Se prepara la masa tal como se indica en la receta de quiche de espárragos.

Para el relleno, mezclamos la mantequilla fundida con las espinacas cocidas y bien escurridas (cortadas a trozos), el requesón a trocitos, los huevos batidos, el queso rallado y la crema de leche.

Lo vertemos encima de la masa y dejamos cocer hasta que se haya cuajado (aproximadamente media hora).

Quiche de queso y cebolla

INGREDIENTES PARA LA MASA PARA 4 A 6 PERSONAS

150 g de harina integral – 75 g de mantequilla

INGREDIENTES PARA EL RELLENO

3 huevos – 1 cebolla grande – 200 g de queso rallado (mejor si usamos más de una variedad) – 1 copita de jerez seco
1 vaso de leche – nuez moscada – pimienta – sal

ELABORACIÓN

Precalentar el horno a 190 °C, y, mientras, vamos preparando la masa según se indica en la receta de la quiche de espárragos.

Batimos los huevos con la leche y el jerez, y aderezamos con la sal, la pimienta y la nuez moscada. Mezclar con el queso rallado, y la cebolla cortada en aros.

Se vierte el preparado encima de la masa semicocida y continuamos la cocción durante treinta minutos más.

Quiche de roquefort

INGREDIENTES PARA LA MASA PARA 4 A 6 PERSONAS

150 g de harina integral – 75 g de mantequilla

INGREDIENTES PARA EL RELLENO

100 g de queso roquefort o de queso azul
150 g de crema de queso fresco
2 cucharadas de mantequilla – 3 huevos
1 vaso de leche – perejil, finamente picado
cebollino fresco, finamente picado – pimienta

Elaboración

Precalentar el horno a 190 °C, e ir preparando la masa tal como se indica en la receta de la quiche de espárragos.

Aparte, batimos los huevos y añadimos el resto de los ingredientes, con los que vamos formando una masa. Cuando esté preparada, la vertemos encima de la pasta semicocida y horneamos unos treinta minutos.

Tarta de acelgas

Ingredientes para la masa

300 g de harina integral – 150 g de mantequilla
un poco de agua – sal

Ingredientes para el relleno

1 kg de acelgas hervidas – 1 cebolla – 2 dientes de ajo
2 huevos – pimienta – sal
para la guarnición: 1 huevo duro

Elaboración

Precalentar el horno a 200 °C.

Mientras, se prepara un molde para tarta, engrasándolo con mantequilla o aceite y espolvoreándolo con harina.

Trabajamos la masa a mano con todos los ingredientes, y se procede luego a forrar el molde con la misma, cuidando de hacer un reborde. Con un palillo o tenedor, se pincha un poco la masa para facilitar la cocción.

A continuación batimos los huevos y los mezclamos con las acelgas, una vez escurridas y cortadas a trozos pequeños, los ajos cortados a láminas finas, y las cebollas a aros. Salpimentamos al gusto y echamos la mezcla encima de la masa.

Cocemos al horno de veinticinco a treinta minutos.

Por último, decoramos con rodajas de huevo duro.

Tarta de cebolla

Ingredientes para la masa

300 g de harina integral – 150 g de mantequilla
un poco de agua – sal

Ingredientes para el relleno

1 kg de cebollas – 3 huevos – 1 bote de nata líquida
3 cucharadas de aceite de oliva – pimienta – sal

Elaboración

Precalentar el horno a 200 °C.

Mientras, se prepara el molde y la masa tal como se indica en la receta de la tarta de acelgas.

Aparte, sofreímos suavemente la cebolla, cortada en aros. Cuando esté transparente, la retiramos del fuego y mezclamos con los huevos batidos con la nata. Salpimentamos y echamos el relleno encima de la masa.

Horneamos de treinta y cinco a cuarenta y cinco minutos.

Tarta de puerros

Ingredientes para la masa

300 g de harina integral – 150 g de mantequilla
un poco de agua – sal

Ingredientes para el relleno

2 manojos de puerros – 1 huevo – 100 g de queso rallado
1 cucharada de mantequilla – 1 vasito de nata líquida
pimienta – sal

Elaboración

Precalentar el horno a 190 °C, y, mientras, preparamos la masa y el molde según las instrucciones dadas en la receta de la tarta de acelgas.

Aparte, batimos el huevo con la nata líquida y añadimos el queso rallado, la mantequilla fundida y los puerros cortados a rodajas. Salpimentamos y mezclamos bien.

Rellenamos la tarta con la mezcla, y horneamos durante veinticinco minutos.

Tortitas de verduras

INGREDIENTES PARA 4 PERSONAS

4 cucharadas de mantequilla – 2 zanahorias grandes
1 calabacín – 1 cebolla grande – 1 pimiento rojo
2 dientes de ajo – un puñado de judías verdes
3 huevos – 1 vaso de crema de leche
4 cucharadas de maizena – aceite para freír
pimienta – sal

ELABORACIÓN

Rallar las zanahorias. Lavamos los calabacines y, sin pelar, los cortamos a tiritas finas. Igualmente, se cortan la cebolla, el pimiento y las judías a tiras finas, y se añade el ajo picado.

En una sartén, se funde la mantequilla y se sofríen ligeramente en ella las verduras ya preparadas durante unos cinco minutos.

Aparte, batimos los huevos con la crema de leche y la maizena. Salpimentamos y mezclamos con las verduras. Con las manos, o con la ayuda de un par de cucharas, vamos formando unas tortas planas y pequeñas, que freiremos en abundante aceite bien caliente.

Al ir retirándolas del fuego, las dejaremos reposar encima de un papel absorbente a fin de que no queden aceitosas.

Podemos variar las verduras de las tortas, cambiar su tamaño y usarlas como acompañamiento de una ensalada, de un plato de verduras o como plato principal.

4. TOSTAS

Tosta de champiñones al soufflé

INGREDIENTES

2 tostadas de pan integral por persona
200 g de queso rallado – 2 claras de huevo
100 g de champiñones – mostaza – sal

ELABORACIÓN

Untar las tostadas con mostaza. Se montan las claras a punto de nieve, añadiendo una pizca de sal para evitar que bajen, y se mezclan suavemente con el queso rallado. Se coloca una porción de la mezcla sobre cada rebanada y se agregan encima los champiñones partidos por la mitad. Gratinar y servir calientes.

Tosta de piña y queso

INGREDIENTES

2 rebanadas de pan integral tostado por persona
300 g de queso gruyère – ¼ de piña natural
salsa mahonesa

ELABORACIÓN

Untar las tostadas con la mahonesa y colocar por encima tacos de queso gruyère y de piña.

Se sirve frío.

Tosta con queso y aguacate

INGREDIENTES

2 tostadas de pan integral por persona
2 lonchas de queso por persona
1 aguacate grande, maduro

ELABORACIÓN

Colocar láminas de aguacate encima de las tostadas y cubrirlas con una loncha de queso. Gratinamos ligeramente. Se sirve caliente

Tosta de queso y cebolla

INGREDIENTES

2 tostadas de pan integral por persona – 2 cebollas grandes
200 g de queso gruyère – 2 cucharadas de aceite de oliva

ELABORACIÓN

Cortar las cebollas en aros y sofreírlas suavemente en el aceite hasta que estén bien doraditas. Se escurre el aceite y se colocan las cebollas encima de las tostas. Esparcimos taquitos de queso por encima y gratinamos.

Se sirve caliente.

Tosta de queso con champiñones

INGREDIENTES

2 rebanadas de pan integral tostado – 200 g de champiñones
200 g de queso de Mahón semicurado
2 dientes de ajo – 1 ramita de perejil
2 cucharadas de aceite de oliva

ELABORACIÓN

En una cazuela, colocamos los champiñones cortados a láminas y vamos removiendo durante su cocción a fin de que no se peguen. Cocer hasta que hayan evaporado todo el líquido y añadir el ajo y el perejil, finamente picados, y el aceite. Salpimentamos y retiramos del fuego inmediatamente.

Se colocan los champiñones encima de cada tosta y se agrega el queso cortado a tacos pequeños. Se puede gratinar, para que el queso se derrita y se dore un poco, o se puede comer tal cual. En todo caso, se sirven calientes.

Tostas con tomate y queso

Ingredientes

2 rebanadas de pan integral tostado por persona
3 tomates grandes, maduros – 300 g de queso de tetilla
orégano – pimienta – sal

Elaboración

Colocar rodajas de tomate encima de cada rebanada, añadimos unos taquitos de queso de tetilla y se sazona con el orégano, la sal y la pimienta.

Se pueden servir tal cual, en crudo y frío, o bien gratinar y servir calientes.

V

PATATAS

Buñuelos de patata

INGREDIENTES PARA 4 PERSONAS

1 patata mediana – 3 cucharadas de harina integral – 2 huevos
½ sobre de levadura – una picada de ajo y perejil
aceite para freír – sal

ELABORACIÓN

Cocer la patata y a continuación hacemos un puré, aplastándola con un tenedor. Añadimos los huevos batidos, la harina, la picada, la levadura y sal, y mezclamos bien.

Calentar el aceite, e ir introduciendo, con ayuda de un par de cucharas soperas, porciones de masa. Freímos hasta que los buñuelos queden bien dorados.

Los dejamos reposar encima de un papel absorbente para que no queden aceitosos.

Empanada de puré

Se trata de otro plato extraído de la gastronomía gallega.

INGREDIENTES PARA 4 PERSONAS

800 g de patatas – 2 huevos – leche
verduras para el relleno – sal

ELABORACIÓN

Precalentar el horno a 190 °C.

Una vez cocidas las patatas, hacemos un puré con ellas añadiendo los dos huevos batidos, sal y un poco de leche. Con la mitad de la masa obtenida, forramos una bandeja de horno, dejando unos rebordes. Rellenamos con verduras sobrantes de alguna otra comida o bien de una variedad de las mismas que habremos seleccionado y preparado específicamente para este plato.

En esta empanada utilizaremos siempre las verduras ya cocidas, puesto que requiere muy poco tiempo de cocción al emplear como masa patatas ya cocidas. Cubrimos con el resto del puré, lo pintamos con un poco de huevo batido y horneamos hasta que esté dorada.

Ensalada alemana

Agradecemos esta receta en particular a Renate. Como en la mayor parte de las recetas tradicionales del mundo, hay que tener en cuenta que los ingredientes pueden variar enormemente. Aquí tan sólo se sugiere una versión vegetariana de la misma, adaptada a los alimentos españoles.

INGREDIENTES

750 g de patatas – 1 cebolla, pequeña – 1 tomate
5 rabanitos – 2 zanahorias – 1 pepino pequeño
unos pepinillos en vinagre – ¼ l de caldo de verduras
cebollino – perejil – perifollo – aceite de oliva
vinagre de manzana – azúcar – 1 yogur líquido
pimienta – sal

ELABORACIÓN

Cocer las patatas enteras, con piel, al vapor. Se retiran del fuego y se dejan enfriar. Las pelamos y cortamos a dados regulares y se dejan embeber con el caldo durante un par de horas.

Transcurrido este tiempo, las escurrimos y las colocamos en una ensaladera en la que iremos añadiendo los pepinillos y rábanos a rodajas, la cebolla cortada muy finamente, las zanahorias a rodajas, y el pepino y el tomate a tacos pequeños.

Para la salsa, mezclaremos en un bol el yogur con las hierbas muy finamente picadas, y agregaremos un poco de sal, pimienta, azúcar y tres cucharadas de aceite y una o dos cucharadas de vinagre.

Vertemos la salsa encima de la ensalada, removemos bien, pero con cuidado, y ya está a punto para servir.

Ensalada de patatas

INGREDIENTES PARA 4 PERSONAS

500 g de patatas – 400 g de guisantes
150 g de aceitunas verdes – 2 huevos duros
10 hojas de lechuga – 1 cebolla pequeña
1 diente de ajo – aceite de oliva – pimienta – sal
para la decoración: 8 tomates pequeños
1 pimiento rojo, asado

ELABORACIÓN

Cocer las patatas con piel, al vapor. Aparte, cocemos, también al vapor, los guisantes. Escurrimos y dejamos enfriar.

Se pelan las patatas y se cortan a rodajas.

En una fuente grande para ensalada iremos colocando las hojas de lechuga cortadas, las rodajas de patata, los guisantes, las aceitunas, los huevos cortados a tacos, y la cebolla y el ajo muy finamente picados.

Decoraremos con tiras de pimiento asado, colocando alrededor de la fuente los tomates partidos por la mitad.

Patatas a la crema

INGREDIENTES PARA 4 PERSONAS

800 g de patatas – leche – pimienta – sal

ELABORACIÓN

Precalentar el horno a 200 °C.

Lavamos y pelamos las patatas, y se cortan a rodajas. Colocarlas en una fuente de horno, y aderezar, por capas, con sal y pimienta. Se cubren con leche y se hornean cuarenta y cinco minutos (o hasta que las patatas estén bien cocidas).

Patatas Delfina

INGREDIENTES PARA 4 PERSONAS

700 g de patatas – 200 g de queso rallado
1 cucharada de mantequilla – 1/2 l de leche
1 huevo – pimienta – sal

ELABORACIÓN

Precalentar el horno a 200 °C.

Mientras, se lavan y pelan las patatas, y se cortan a rodajas. Las colocamos en una fuente para horno, previamente engrasada con mantequilla.

Aparte, batimos la leche con el huevo, la sal y la pimienta, y se echa sobre las patatas cuidando de que penetre bien. Cubrimos con el queso rallado y cocemos al horno unos treinta minutos. Terminada la cocción, gratinamos.

Patatas a las hierbas

INGREDIENTES PARA 4 PERSONAS

800 g de patatas – 4 cucharadas de mantequilla
una cucharadita de las de postre de finas hierbas
pimienta – sal

ELABORACIÓN

Precalentar el horno a 200 °C.

Se lavan y se pelan las patatas, y luego les hacemos varios cortes profundos para facilitar la cocción.

Engrasar una fuente para horno con mantequilla y colocar las patatas encima.

Aparte, fundimos la mantequilla y añadimos las hierbas, la sal y la pimienta. Lo vertemos encima de las patatas y las asamos al horno hasta que estén bien cocidas y doradas.

Patatas con queso

Ésta es una receta tradicional de la cocina gallega.

INGREDIENTES PARA 4 PERSONAS

1 kg de patatas – 200 g de queso de tetilla – 2 huevos
1 tacita de pan rallado – 1 ramita de perejil fresco
harina integral – aceite de oliva – sal

ELABORACIÓN

Lavar las patatas y cocerlas enteras con piel. Luego, se escurren y se dejan enfriar un poco. A continuación, se pelan, se corta un trozo de uno de sus extremos y, con una cucharilla, hacemos un hueco en cada una de ellas.

Aparte, mezclamos el perejil, finamente picado, con el queso cortado a trocitos y el pan rallado.

Rellenamos las patatas con la mezcla, las pasamos por el huevo batido, enharinamos y freímos.

Antes de servir, se dejan reposar encima de un papel absorbente para eliminar el exceso de aceite.

Patatas al roquefort

INGREDIENTES PARA 4 PERSONAS

1 kg de patatas – 50 g de queso roquefort o azul
1 vaso de crema de leche
1 cucharada de vinagre de manzana
2 cucharadas de aceite de oliva – 50 g de alcaparras

ELABORACIÓN

Cocer al vapor las patatas, enteras y con piel. Luego, se escurren y se dejan enfriar.

Pelamos las patatas y las cortamos a dados. Seguidamente, se colocan en una fuente de servir y se esparcen las alcaparras por encima.

Con la crema de leche, el roquefort, el aceite y el vinagre hacemos una salsa, batiendo bien, y a continuación la echamos sobre las patatas.

Este plato se sirve frío, pero también se puede tomar caliente.

Patatas rellenas

Ingredientes para 4 personas

4 patatas grandes – 150 g de champiñones
1 cebolla – 1/2 pimiento rojo
3 cucharadas de mantequilla – ½ vaso de crema de leche
queso rallado – pimienta – sal
para la decoración: un poco de ensalada
y unas hojas de perejil fresco

Elaboración

Lavar bien las patatas y cocerlas, enteras y con piel, al vapor. Se dejan enfriar un poco y, sin pelar, se cortan por la mitad, a lo largo.

Mientras cuecen las patatas, preparamos un sofrito, fundiendo la mantequilla y dorando en ella la cebolla, cortada a trozos pequeños. Cuando esté a punto, añadimos el pimiento, también a trozos pequeños, salpimentamos y continuamos la cocción unos cinco minutos más.

Con una cuchara, vaciamos con cuidado las patatas. Mezclamos el sofrito con la pulpa de las patatas echa puré y rellenamos las cáscaras. Cubrimos con queso rallado y gratinamos.

Montamos los platos con un poco de ensalada y dos mitades de patata, que decoraremos con una hojita de perejil.

VI

LEGUMBRES

Falafels

Se trata de un plato típico de Israel y del Líbano que últimamente ha adquirido popularidad en las grandes ciudades como una de las ofertas de los *fast-foods*.

Son una especie de croquetas de garbanzos, que se suelen comer dentro de pan de pita, pero que también se pueden tomar solos, como plato principal, o acompañando una ensalada.

INGREDIENTES PARA 4 PERSONAS

500 g de garbanzos cocidos – 4 dientes de ajo – 1 huevo
pan rallado – abundante perejil
2 cucharaditas de las de café de comino molido
aceite de oliva para freír – pimienta – sal

ELABORACIÓN

Con un tenedor, aplastar los garbanzos, formando un puré y añadiendo el ajo machacado, abundante perejil picado, el comino, la sal y la pimienta. Mezclamos bien y formamos unas bolas, que luego aplastaremos ligeramente.

Batimos el huevo y rebozamos los falafels en el mismo, pasándolos después por el pan rallado.

A continuación, ya sólo nos queda freírlos. Al retirarlos de la sartén, como siempre que estamos friendo, los dejaremos reposar encima de un papel absorbente a fin de evitar que queden aceitosos.

Judías al gratén

INGREDIENTES PARA 4 PERSONAS

500 g de judías blancas – 1 cebolla
1 diente de ajo – 3 clavos de especia
6 cucharadas de puré de tomate
1 cucharada de mantequilla – 1 hoja de laurel
perejil fresco – un poco de romero – agua
100 g de queso rallado – pimienta – sal

ELABORACIÓN

Dejar las judías a remojo la noche anterior. En la receta se sugieren judías blancas, pero podemos emplear cualquiera de las muchas y ricas variedades de judías secas que tenemos en el territorio español.

Ponemos las judías en una olla, con abundante agua, y procedemos a cocerlas, añadiendo la cebolla partida por la mitad, el ajo, las hierbas, la sal y la pimienta. Dejar hervir, a fuego suave, tapado, hasta que las judías estén bien cocidas.

Retiramos el exceso de líquido (reservando, como siempre, este caldo sobrante) y agregamos el puré de tomate y la mantequilla. Removemos bien y vertemos en una fuente para horno. Esparcimos el queso rallado por encima y gratinamos.

Soufflé de garbanzos

INGREDIENTES PARA 4 PERSONAS

500 g de garbanzos cocidos – 3 huevos
1 cucharada de mantequilla – 1 vasito de nata líquida
100 g de queso rallado – pimienta – sal

ELABORACIÓN

Precalentar el horno a 180 °C.

Mientras, mezclar bien en la batidora los garbanzos con la crema de leche, la mantequilla, el queso y las yemas de los tres huevos. Salpimentamos.

Aparte, montamos las claras a punto de nieve, añadiendo

un pellizco de sal para evitar que bajen. Con mucha suavidad, lo mezclamos todo y lo verteremos en seguida en un molde para soufflés, previamente engrasado con mantequilla, y horneamos unos veinte minutos.

Servir inmediatamente para evitar que el soufflé baje.

VII

HUEVOS, QUESOS Y SETAS

Barquitas de setas

Ingredientes para 4 personas

200 g de champiñones – endibias
1 cebolla – 1 cucharada de mantequilla
1 cucharada de aceite de oliva
2 cucharadas de harina integral
½ vaso de caldo de verduras
½ vaso de crema de leche – 1 cucharada de jerez
pimienta – sal
para la decoración: 2 tomates

Elaboración

Lavar y cortar los champiñones en láminas.

En una sartén, fundimos la mantequilla, añadimos el

aceite y doramos la cebolla finamente picada. A continuación, echamos los champiñones y dejamos hasta que se evapore el líquido que sueltan.

Poco a poco, y sin dejar de remover, vamos agregando la harina, y luego la crema de leche, el caldo y el jerez. Salpimentamos. Cocemos a fuego lento hasta que se haya espesado y retiramos del fuego.

Escogemos las hojas más grandes de las endibias y las rellenamos con la mezcla.

Con el resto de las endibias y con los tomates, decoramos el fondo de los platos, depositando encima tres o cuatro barquitas. Servimos.

Champiñones rellenos

INGREDIENTES PARA 4 PERSONAS

4 o 5 champiñones bien grandes por comensal
5 cucharadas de salsa bechamel espesa
100 g de queso rallado
2 cucharadas de mantequilla – 2 dientes de ajo
1 ramita de perejil fresco
pimienta – sal

Elaboración

Precalentar el horno a 180 °C.

Se limpian bien los champiñones y se les extrae el pie, con cuidado de no romper la cabeza.

Engrasamos una fuente para horno con un poco de mantequilla.

Cortamos a trozos pequeños los pies de los champiñones y picamos muy finamente el ajo y el perejil. Salpimentamos, añadimos la bechamel y mezclamos bien.

Con una cuchara, rellenamos las cabezas de los champiñones con la mezcla obtenida y los vamos dejando en la fuente. Espolvoreamos con el queso y ponemos un trocito de mantequilla encima de cada uno de ellos. Horneamos durante quince minutos y después gratinamos hasta que el queso esté dorado.

Huevos al curry

Ingredientes para 4 personas

8 huevos – 1 kg de tomates maduros – 2 cebollas grandes
1 diente de ajo – 1 cucharada de aceite de oliva
2 cucharadas de curry
3 cucharadas de mostaza de estragón en grano
1 cucharadita de las de postre de azúcar integral – sal

ELABORACIÓN

Cocer los huevos en agua con sal, sin que lleguen a quedar duros pero sí más cocidos que los pasados por agua.

Calentamos el aceite en una sartén y sofreímos las cebollas y el ajo, finamente picados, hasta que queden transparentes. Añadimos los tomates, partidos a trozos, y aderezamos con el curry, la sal y el azúcar. Rehogamos diez minutos (si queremos, podemos pasarlo por el pasapurés).

En otra sartén, echamos los granos de mostaza y doramos hasta que empiecen a saltar.

Pelamos los huevos, los partimos por la mitad y los colocamos en una fuente de servir, echando por encima la salsa de tomate y decorando por último con los granos de mostaza.

Huevos a la española

INGREDIENTES PARA 4 PERSONAS

4 huevos – 1 vaso de leche – 100 g de queso rallado
salsa de tomate – mantequilla
4 rebanadas de pan de molde integral – aceite de oliva
perejil fresco – pimienta – sal

Elaboración

Precalentar el horno a 200 °C.

En el vaso de la batidora echamos los huevos, la leche, el queso, la sal y la pimienta, y mezclamos bien.

Aparte, preparamos cuatro moldes individuales, engrasándolos con un poco de mantequilla.

Cortamos las rebanadas con la forma y tamaño del fondo de los moldes, las freímos y las colocamos dentro de los mismos. A continuación, echamos un par de cucharadas de salsa de tomate encima de cada rebanada y vertemos el batido hasta llenar los moldes.

Cocemos al baño de María unos quince minutos.

Por último, decoramos con unas hojas de perejil y servimos.

Huevos a la extremeña

Tal como indica el nombre, es un plato típico de la zona de Extremadura.

Ingredientes para 4 personas

8 huevos – 4 pimientos morrones – 2 cebollas medianas
2 cucharadas de mantequilla – 1 vaso grande de leche
3 cucharadas de harina integral
1 cucharada de pimentón dulce – perejil fresco
pimienta – sal

Elaboración

Precalentar el horno a 190 ºC.

Se cuecen los huevos durante diez minutos, hasta que estén duros. Se dejan enfriar y luego se pelan.

En una cazuela de barro, vamos distribuyendo rodajas de huevo duro y trozos de pimiento morrón, cuidando de reservar uno para la decoración del plato.

Aparte, fundimos la mantequilla y doramos en ella las cebollas cortadas a rodajas.

En un plato, o en el vaso de la batidora, mezclamos bien la leche con la harina y lo añadimos al sofrito de la cebolla, cociendo, sin dejar de remover, hasta que espese. Aderezamos con el pimentón, la sal y la pimienta. Hecho esto, agregamos la salsa obtenida a la cazuela con los huevos.

Horneamos diez minutos, retiramos, adornamos con perejil picado y unas tiras de pimiento morrón, y servimos caliente.

Huevos gratinados

Ingredientes para 4 personas

6 huevos duros – 3 cebollas – 2 dientes de ajo
2 cucharadas de aceite de oliva – 100 g de queso rallado
salsa bechamel

ELABORACIÓN

Untar la fuente para horno con un poco de aceite y disponer en ella los huevos duros cortados a rodajas.

Aparte, hacemos un sofrito con las cebollas cortadas a aros y los ajos a finas láminas. Cuando esté en su punto, lo echamos encima de los huevos. Cubrimos bien con la salsa bechamel, espolvoreamos de queso rallado y gratinamos.

Huevos mimosa

INGREDIENTES

8 huevos duros – 1 aguacate maduro
4 cucharadas de mahonesa
para la guarnición: unas hojas de lechuga

ELABORACIÓN

Partir los huevos por la mitad, longitudinalmente, y extraemos con cuidado las yemas, que reservaremos.

Aparte, hacemos un puré con el aguacate y la mahonesa y vamos rellenando las mitades de los huevos. Los colocamos en la fuente de servir, previamente forrada de una juliana de lechuga.

Pasamos las yemas por el pasapuré, escogiendo un accesorio rallador ancho de manera que las yemas queden en forma de hebras, que esparciremos por encima de los huevos.

El plato se sirve frío.

Huevos al nido

INGREDIENTES PARA 4 PERSONAS

4 panecillos integrales, redondos – 4 huevos
4 cucharadas de crema de leche
4 cucharadas de puré de tomate
100 g de queso gruyère – aceite de oliva para freír – sal
para la decoración: unas rodajas de pepino, unas hojas de lechuga y un puñado de aceitunas negras.

ELABORACIÓN

Quitar la caperuza a los panecillos y vaciarlos de la miga. En el fondo, depositaremos una cucharada de crema de leche y otra de puré de tomate. Añadir el queso a tacos pequeñitos.

Con cuidado, separamos las claras de las yemas y colocamos una yema en cada panecillo. Echamos un poco de sal.

Aparte, montamos las claras a punto de nieve, con un pellizco de sal, a fin de evitar que bajen. Ponemos las claras encima de cada panecillo y freímos en aceite bien caliente, que iremos echando por encima para que las claras queden doradas.

Preparamos cada plato decorándolo con la lechuga, el

pepino y las aceitunas, y colocamos un panecillo en cada uno de ellos.

Servir caliente.

Huevos a la plancha

Se trata de hacer los huevos fritos pero de forma más sana, evitando tener que usar tanta cantidad de aceite.

Se calienta bien la sartén, poniendo, apenas unas gotas, de aceite de oliva, o también un poco de agua. Se echan los huevos y se dejan cocer como si fueran huevos fritos.

Un truco para evitar que las yemas queden cocidas es echar sólo las claras y, cuando falte poco para que cuajen, añadir las yemas en el centro.

Huevos al plato

INGREDIENTES PARA 4 PERSONAS

4 huevos – 8 cucharadas de puré de tomate
mantequilla – perejil fresco picado
un puñado de guisantes cocidos al vapor
unas aceitunas verdes, deshuesadas
100 g de queso gruyère, cortado a tacos pequeños
pimienta – sal

ELABORACIÓN

Engrasar con la mantequilla cazuelitas de barro individuales, en las que echaremos el puré de tomate. A continuación, añadimos un huevo en cada plato y distribuimos, por montoncitos separados, los guisantes, las aceitunas y el queso. Salpimentamos y espolvoreamos de perejil.

Cocer al horno o directamente al fuego (suave), cuidando de que las yemas queden crudas. Como truco, podemos reservar las yemas y agregarlas después de la cocción.

Podemos variar el aderezo usando diferentes hierbas aromáticas, y también con otras variedades de verdura. Es un buen recurso para reciclar verduras sobrantes de otras comidas.

Se sirve caliente.

Huevos al roquefort

INGREDIENTES PARA 4 PERSONAS

4 huevos – 500 g de patatas – 50 g de queso roquefort o azul
1 cucharada de mantequilla – ½ l de leche
1 vaso de crema de leche – sal

ELABORACIÓN

Precalentar el horno a 200 °C.

Cocemos las patatas y hacemos un puré con ellas, la mantequilla, la leche, la crema de leche, el queso y la sal.

Con un poco de mantequilla, engrasamos unos moldes individuales para soufflé y los forramos con el puré, dejando un hueco en el medio.

Separamos las claras de las yemas, colocando una yema en cada hueco, y montamos las claras a punto de nieve, añadiendo un poco de sal a fin de que no bajen. Cubrimos los moldes con las claras montadas y gratinamos hasta que estén doradas.

Se sirven calientes, e inmediatamente, a fin de evitar que se deshinchen.

Pastel de tortillas

INGREDIENTES PARA 4 PERSONAS

8 huevos – 1 berenjena – 1 calabacín – 2 alcachofas
un manojo de ajos tiernos – ½ vaso de leche
salsa bechamel – 50 g de queso rallado – aceite
pimienta – sal

ELABORACIÓN

Lavar los ajos tiernos y cocerlos a la plancha o al vapor. Cortarlos y reservar.

Luego, se lavan la berenjena y el calabacín y, sin pelar, se cortan a rodajas y se cuecen a la plancha o al vapor. Reservamos ambos ingredientes en platos separados.

Lavar y limpiar de hojas externas las alcachofas, cortarles las puntas y seguidamente las partimos en láminas finas, que coceremos al vapor. Reservar.

Aparte, batimos los huevos con la leche, la sal y la pimienta, y procedemos a cuajar cuatro tortillas, una de cada variedad de verdura.

Apilamos las tortillas en una fuente para horno, cubrimos con bechamel y espolvoreamos con el queso rallado. Gratinamos y servimos.

Revoltillo

INGREDIENTES PARA 4 PERSONAS

4 huevos – ½ kg de tomates maduros
½ vaso de crema de leche – aceite de oliva
pimienta – sal
para la guarnición: 2 rebanadas de pan de molde integral

ELABORACIÓN

Batir los huevos con la crema de leche y salpimentar.

Aparte, hacemos un puré con los tomates y lo reservamos.

En una sartén, ponemos tres cucharadas de aceite de oliva, añadimos los huevos y el puré de tomate, y cocemos, removiendo de vez en cuando, aunque no excesivamente, a fin de que resulte una masa granulosa.

Se puede servir en cazuelitas de barro individuales y adornar con media rebanada de pan de molde integral frito.

Revuelto de setas

INGREDIENTES PARA 4 PERSONAS

5 huevos – ½ vaso de crema de leche – 2 dientes de ajo
1 ramita de perejil fresco – 300 g de setas
3 cucharadas de aceite de oliva – pimienta – sal
para la guarnición: 1 tomate maduro

ELABORACIÓN

Lavar bien las setas para que no queden restos de tierra y cortarlas a láminas.

En una cazuela, sin más líquido que el que suelten las setas, pasamos a cocerlas (removiendo bien al principio, para evitar que se peguen) hasta que éste se haya evaporado.

Mientras, batimos los huevos con la crema de leche y añadimos la sal y la pimienta.

Picamos muy finamente los ajos y el perejil y cuando las setas estén listas, los agregamos, junto con el aceite y el batido de los huevos. Removemos bien y cocemos a fuego medio hasta que el revuelto quede cuajado.

Podemos servirlo directamente en cada plato, que adornaremos con unas rodajas de tomate.

Soufflé de queso

Ingredientes para 4 personas

100 g de mantequilla – 100 g de harina integral
½ l de leche – 2 cucharadas de queso parmesano, rallado
100 g de queso gruyère, rallado – 4 huevos
pimienta – sal

Elaboración

Precalentar el horno a 170 °C.

Mientras, se prepara un molde para soufflés engrasándolo con un poco de mantequilla.

Fundimos la mantequilla y añadimos la harina, dejando que se dore un poco. Seguidamente, vamos echando la leche removiendo bien para que no se formen grumos. Proseguimos la cocción diez minutos, a fuego suave, hasta que la bechamel se espese.

Retiramos del fuego, incorporamos los quesos y salpimentamos, removiendo bien. A continuación, agregamos las yemas de los huevos batidas y mezclamos bien.

Aparte, montamos las claras a punto de nieve con una pizca de sal, a fin de evitar que bajen, y las añadimos a la masa anterior, mezclándolo con sumo cuidado. A continuación, lo vertemos en el molde y horneamos unos treinta minutos o hasta que veamos que el soufflé sube y queda dorado.

Servir inmediatamente.

Tortilla de alcachofas

INGREDIENTES PARA 4 PERSONAS

5 huevos – 5 alcachofas – ½ tacita de crema de leche
aceite de oliva – sal

ELABORACIÓN

Preparar las alcachofas tal como se indica en la receta de las alcachofas «cri-cri» y cocerlas al vapor.

Aparte, batimos los huevos con la crema de leche y añadimos sal al gusto.

Hay que tener en cuenta que si batimos las claras por separado hasta que queden casi a punto de nieve y luego las incorporamos a las yemas, las tortillas salen mucho más suaves y esponjosas.

Mezclamos los huevos con las alcachofas y cuajamos la tortilla en la forma habitual.

Servir caliente.

Tortilla de queso y champiñones

INGREDIENTES PARA 4 PERSONAS

5 huevos – 200 g de champiñones – 200 g de queso gruyère
½ tacita de crema de leche – aceite de oliva – pimienta – sal

Elaboración

Lavar bien los champiñones y cortarlos a láminas. Después, se cuecen en una cacerola, removiendo bien a fin de que no se peguen, hasta que se haya evaporado todo el líquido que sueltan. Retiramos del fuego y reservamos.

Batimos las claras de los huevos hasta que casi estén a punto de nieve y añadimos las yemas y la crema de leche. Salpimentamos y lo unimos a los champiñones y al queso, que habremos cortado a dados pequeños.

Cuajamos la tortilla de la forma habitual y servimos caliente.

VIII

PATÉS

Paté de aguacate y queso

INGREDIENTES

200 g de requesón – 150 g de queso de tetilla
2 aguacates grandes, maduros – un poco de pimienta
una brizna de hinojo fresco

ELABORACIÓN

Con la ayuda de un tenedor, mezclar bien todos los ingredientes hasta conseguir una masa espesa y uniforme. Se colocan en un cuenco para servir y ya está listo para tomar.

Paté de castañas

INGREDIENTES

400 g de castañas – 1 cebolla grande – 2 dientes de ajo
150 g de requesón – 2 cucharadas de mantequilla
pimienta – sal

ELABORACIÓN

Pelar las castañas y escaldarlas a fin de retirar con mayor facilidad la piel interna.

En una sartén, fundimos la mantequilla y rehogamos la cebolla y los ajos, cortados muy finamente. Cuando empiecen a estar transparentes, añadimos las castañas, ponemos el fuego al mínimo, salpimentamos y dejamos cocer, tapado, unos diez minutos, cuidando de remover de vez en cuando.

Retiramos del fuego y dejamos enfriar. Seguidamente, lo pasamos por el pasapurés y mezclamos bien con el requesón, hasta obtener una pasta fina.

Colocamos el paté obtenido en un cuenco y ya lo tenemos a punto.

Paté de garbanzos

INGREDIENTES

500 g de garbanzos cocidos – 2 zanahorias grandes
2 cucharadas de mantequilla – 1 vasito de crema de leche
una cucharadita de las de café de comino molido
pimienta – sal

ELABORACIÓN

Fundimos la mantequilla, añadimos las zanahorias, previamente ralladas, y las rehogamos hasta que estén blanditas. Retiramos del fuego y lo ponemos, junto con los garbanzos y la crema de leche, en el vaso de la batidora. Aderezamos y mezclamos bien, hasta que quede una pasta suave.

Colocamos el paté en un cuenco y ya lo tenemos a punto.

Paté de nueces y queso

INGREDIENTES

300 g de nueces – 200 g de queso de Burgos – orégano
pimienta – sal

Elaboración

Moler las nueces y, a mano, se mezclan bien todos los ingredientes hasta conseguir un paté homogéneo, que colocaremos en un cuenco, listo para ser usado.

Paté de queso

Ingredientes

100 g de queso de tetilla – 100 g de queso gruyère rallado
100 g de requesón – 1 cajita de quesitos
1 tacita de nata líquida
un puñadito de hierbas provenzales – pimienta

Elaboración

Mezclar bien todos los ingredientes hasta conseguir una pasta suave y espesa, y colocarla en un cuenco de servir.

Paté de queso cremoso

Ingredientes

100 g de requesón – 100 g de queso cremoso
1 diente de ajo machacado – 1 cucharada de cebolla rallada
pimienta negra molida – sal

1 cucharada de perejil muy picado
2 cucharadas de nata líquida
para adornar: una hoja de laurel

Elaboración

Triturar bien todos los ingredientes juntos y ponerlos en un bol, que adornaremos con una hoja de laurel.

Paté de roquefort

Ingredientes

100 g de queso roquefort o de queso azul – 200 g de requesón
2 cucharadas de mantequilla – 1 tacita de nata líquida
5 quesitos – un toque de pimienta

Elaboración

Mezclar bien todos los ingredientes hasta obtener un paté consistente y homogéneo, que verteremos en un cuenco para servirlo directamente a la mesa.

Para que este paté resulte más ligero, pueden usarse quesitos desnatados y sustituir la nata líquida por un yogur desnatado.

Paté rosado

INGREDIENTES

200 g de queso de Burgos – 1 tomate grande, bien maduro
3 zanahorias grandes – 1 cebolla
2 cucharadas de mantequilla
1 cucharadita de finas hierbas – un toque de pimienta

ELABORACIÓN

Rallar las zanahorias y la cebolla, y rehogarlas en la mantequilla. Cuando estén bien blandas, añadimos el tomate, también rallado, y aderezamos con las hierbas y la pimienta. Cocemos unos diez minutos más y retiramos del fuego. Si hubiese un exceso de líquido, lo sacaremos con cuidado con ayuda de una cuchara. Agregamos el queso al sofrito y batimos bien hasta que quede una masa suave, que procederemos a colocar en un recipiente apto para servir en la mesa.

Se consume frío o a temperatura ambiente.

Paté de setas

INGREDIENTES

300 g de setas – 1 cebolla grande – 2 dientes de ajo
2 huevos – 1 vaso de nata líquida
2 cucharadas de mantequilla – pimienta – sal

ELABORACIÓN

Fundimos la mantequilla y doramos en ella la cebolla y los ajos, picados finamente. Añadimos a continuación las setas, limpias y cortadas a trozos medianos, salpimentamos y dejamos cocer hasta que se reduzca completamente el líquido que sueltan. Seguidamente, incorporamos los huevos batidos y la nata líquida y, removiendo, dejamos cocer hasta que los huevos hayan cuajado.

Retiramos del fuego y dejamos enfriar. Una vez frío, lo pasamos todo por el pasapurés y formamos un paté de consistencia muy fina.

Servimos en un recipiente adecuado y ya está listo para ser consumido.

IX

PLATOS COMBINADOS

A la hora de montar un plato combinado tendremos en cuenta varios aspectos, sin olvidar jamás el estético, es decir, la decoración o presentación del plato.

Procuraremos incluir siempre algún alimento crudo, que los colores de los distintos componentes sean armoniosos, y también que haya contraste, que sean vistosos.

Antes de decidirnos por los ingredientes (y prescindiendo de las sugerencias que se relacionan a continuación), es interesante dar un repaso a la nevera y ver qué alimentos necesitan consumirse antes y de qué manera los podemos presentar para que resulten agradables y atractivos, tanto a la vista como al paladar. Siempre tendremos aquel resto de verdura que sobró cuando preparamos una empanada, un resto de pisto, una patata cocida con piel o un poco de salsa o paté.

Para la decoración, tal como se sugiere en numerosas recetas del presente libro, bastarán unas hojas de lechuga, unos tomates de cereza, alguna hoja fresca de perejil o hierbabuena (entre otras), medias rodajas de naranja o limón, unas aceitunas, unas tiras de pimiento rojo asado y un largo etcétera. Sólo se requiere un poco de imaginación, alegría, ganas y atreverse a probar cosas nuevas, a investigar, a crear...

Con esta finalidad, resultan muy útiles las fuentes llanas, ovaladas y de tamaño mediano, individuales. Aunque, por supuesto, se pueden utilizar otro tipo de recipientes. El caso es aprovechar y adaptarse a lo que cada uno tenga en su casa y, como siempre, ¡imaginación, y a disfrutar inventando!

1. Un tomate, unas rodajas de calabacín a la plancha y una tortilla de ajos tiernos.

2. Un huevo a la plancha, un montoncito de escalivada, dos tomates abiertos por la mitad (espolvoreados con un poco de perejil fresco o de orégano), unos brotes de soja y dos o tres puerros a la plancha. Acompañar con una cucharada de alguna salsa (romesco, tártara, mahonesa o de aguacate).

3. Un tomate, un puñado de alfalfa germinada, setas de cardo a la plancha y un huevo duro partido por la mitad.

4. Un huevo a la española, menestra de verduras, un cogollo de Tudela, cuatro o cinco aceitunas negras y una zanahoria rallada.

5. Unas rodajas de berenjena a la plancha, una tortilla

de queso, un par de champiñones rellenos y unas hojas de lechuga cortada en juliana.

6. Dos huevos a la plancha, un poco de pisto, una zanahoria rallada, unas aceitunas negras y unos champiñones al ajillo.

7. Ensalada de patata, menestra de verduras, escarola, cuatro o cinco rabanitos enteros y unas aceitunas verdes rellenas de pimiento.

8. Un par de empanadillas de espinacas, un nido de arroz relleno de verduras y ensalada de col lombarda.

9. Una porción de tarta de puerros, un par de endibias glaseadas y dos tomates rellenos de crudités.

10. Una porción de empanada de setas, un pimiento relleno de arroz, un tomate grande cortado a rodajas y unas rodajas de pepino.

11. Un puñado de maíz con nata, un calabacín relleno, un poco de apio rallado y una ensalada de col, manzana y zanahoria.

X

SALSAS Y ALIÑOS

Aliño de miel y limón

INGREDIENTES

1 cucharada de miel – el zumo de 1 limón
3 cucharadas de aceite

ELABORACIÓN

Colocar todos los ingredientes en un cuenco y batirlos bien con ayuda de un tenedor.

Es un aliño rápido y fácil, que resulta un sorprendente acompañamiento de numerosas ensaladas y platos de verdura (mejor que no contengan hidratos de carbono, debido a que esta salsa contiene limón y no ofrece una buena combinación).

Salsa bearnesa

INGREDIENTES

1 cebolla – 3 yemas de huevo – 4 cucharadas de mantequilla
3 cucharadas de vinagre de manzana
3 cucharadas de agua
2 cucharaditas de las de café de estragón picado
pimienta – sal

ELABORACIÓN

Picar la cebolla muy finamente y rehogarla en la mantequilla. Cuando esté transparente, añadimos el estragón y el vinagre y cocemos a fuego suave hasta que se haya reducido el líquido. Retiramos del fuego y dejamos que se enfríe un poco.

A continuación, agregamos las yemas de los huevos y el agua, salpimentamos y mezclamos bien. Colocamos el cazo al baño de María y cocemos hasta que espese, cuidando de ir removiendo de vez en cuando.

Retiramos del fuego, dejamos enfriar un poco y batimos bien hasta que la salsa quede bien suave.

Esta salsa se suele usar tibia y es un buen acompañamiento para las verduras asadas al horno, a la parrilla o a la brasa.

Salsa financiera

INGREDIENTES

1 cucharada de mantequilla – 2 cucharadas de harina integral
1 vaso de vino dulce – ½ l de caldo de verduras
300 g de champiñones – 1 trufa
1 cucharada de salsa de soja
un poco de zumo de limón
50 g de aceitunas verde, deshuesadas

ELABORACIÓN

Fundimos la mantequilla en una cacerola y añadimos la harina, removiendo bien, hasta que se haya dorado. Poco a poco, vertemos el vino y el caldo.

Aparte, cortamos los champiñones a láminas y los rociamos con un poco de zumo de limón a fin de evitar que se oscurezcan. Cortamos la trufa a láminas finas. Agregamos ambos componentes a la cacerola y dejamos cocer unos veinte minutos.

Esta salsa resulta ideal para acompañar platos de patatas o pasta, aunque también va muy bien con las verduras.

Salsa holandesa

INGREDIENTES

3 yemas de huevo – 4 cucharadas de mantequilla
2 cucharadas de zumo de limón – 2 cucharadas de agua
pimienta – sal

ELABORACIÓN

Fundimos la mantequilla en un cazo, que seguidamente pondremos al baño de María añadiendo el resto de los ingredientes batidos y dejando cocer, sin dejar de remover, hasta que la salsa ligue bien y espese. Retirar del fuego y batir bien con la varilla a fin de que quede suave y espumosa.

Se sirve tibia. Es un buen aderezo para ensaladas y verduras.

Salsa Peppone

INGREDIENTES

2 cucharadas de mantequilla
50 g de queso parmesano rallado
5 cucharadas de puré de tomate – 1 punta de guindilla
1 copa de vodka – 1 vaso de crema de leche
pimienta – sal

ELABORACIÓN

Fundir la mantequilla en una sartén, se añade el tomate y la guindilla y se hace un sofrito, dejando cocer de diez a quince minutos, durante los cuales iremos removiendo para evitar que se nos queme o se pegue.

Sin dejar de remover, añadiremos la crema de leche y, cuando empiece a hervir de nuevo, echaremos el vodka. Salpimentamos y, pasados unos cuatro minutos, incorporamos el queso removiendo bien.

Salsa típica para acompañar platos de pasta italiana.

Salsa de requesón

INGREDIENTES

400 g de requesón – ½ vaso de crema de leche
2 hojas de menta fresca
1 cucharadita de las de postre de azúcar
nuez moscada – canela en polvo – pimienta – sal

ELABORACIÓN

Fundimos la mantequilla en una sartén y añadimos el azúcar, un pellizco de sal, un poco de pimienta, nuez moscada y canela. El fuego debe ser muy suave y remover bien.

Seguidamente, incorporamos el requesón desmenuzado y la crema de leche, removiendo bien con una cuchara de madera hasta conseguir una salsa homogénea. Si vemos que nos queda demasiado espesa, podemos agregar un poco de leche.

Ideal para platos de pasta. Se sirve caliente.

Salsa roquefort

INGREDIENTES

50 g de queso azul o roquefort – 3 quesitos
2 cucharadas de mantequilla – 1 vaso de nata líquida

ELABORACIÓN

Batir bien todos los ingredientes hasta conseguir una salsa suave.

Puede usarse para confeccionar el típico plato de endibias al roquefort, como acompañante de pasta, e incluso de verduras a la plancha u otras verduras crudas.

Si deseamos obtener una salsa más ligera, sustituiremos la nata por un yogur desnatado, los quesitos también desnatados y obviaremos la mantequilla.

Salsa rosa

INGREDIENTES

salsa mahonesa – puré de tomate cocido

ELABORACIÓN

Mezclamos suavemente ambos ingredientes y ya tenemos la salsa a punto.

Se suele emplear fría o a temperatura ambiente.

Salsa de yogur

INGREDIENTES

2 *yogures naturales –* 1 *cucharada de alcaparras*
pimienta – sal
para adornar: 1 *pepinillo en vinagreta, cortado a rodajitas*

ELABORACIÓN

Batir los yogures con las alcaparras, la sal y la pimienta hasta que la salsa quede suave. Verterla en un cuenco y adornarla con rodajitas de pepinillo.

Salsa de zanahoria

Ingredientes

2 zanahorias grandes – 1 cebolla – 1 diente de ajo
½ vaso de caldo de verduras – 2 cucharadas de mantequilla
1 vaso de crema de leche – pimienta – sal

Elaboración

Fundimos la mantequilla en una sartén y rehogamos las zanahorias, la cebolla y el ajo, cortados a trocitos pequeños. Cuando esté listo el sofrito, añadiremos el caldo de verduras y dejaremos cocer unos cinco minutos más, removiendo de vez en cuando.

Retiramos del fuego y pasamos los ingredientes al vaso de la batidora, agregando la crema de leche y salpimentando. Triturar hasta que nos quede bien suave.

Apetitosa salsa para acompañar platos de arroz, pasta o verduras, y un sorprendente contraste si se sirve con ensaladas.

XI

POSTRES

Arroz salvaje con miel

Ingredientes

3 tacitas de arroz salvaje
100 g de fruta desecada variada (pasas, higos, dátiles, orejones...) – 3 manzanas
4 cucharadas de miel de romero
para la guarnición: 4 guindas (o algún fruto rojo)

Elaboración

Hervir el arroz salvaje en agua, según las instrucciones del envoltorio. Una vez cocido, lo retiramos del fuego, lo escurrimos y lo dejamos enfriar.

Aparte, lavamos y pelamos las manzanas, y las cortamos a taquitos. Cortamos igualmente la fruta pasa, procurando que quede a trozos similares, y la mezclamos con el arroz y las manzanas.

Ponemos la mezcla de arroz en platos o cuencos para postre, añadimos una cucharada de miel por encima de cada uno de ellos, y decoramos con una guinda.

Bizcocho

Este bizcocho, si se elabora con cuidado y siguiendo escrupulosamente las instrucciones, queda muy suave, como de pastelería.

Ingredientes

400 g de harina – 400 g de azúcar – 12 huevos
1 limón grande (o 2 pequeños)

Elaboración

Calentar el horno a temperatura media, y mientras, vamos preparando el molde para bizcochos, engrasándolo con un poco de mantequilla y espolvoreándolo con harina a fin de evitar que se pegue.

El primer lugar, procederemos a separar las claras de las yemas.

En un cuenco, mezclaremos a conciencia las yemas con el azúcar, el zumo del limón y la piel, muy finamente rallada. Cuando la masa esté bien fina, suave y espumosa iremos añadiendo, poco a poco, la harina. Reservamos.

Aparte, batiremos las claras a punto de nieve con un pellizco de sal, para evitar que bajen. Las unimos, con sumo cuidado, a la otra masa, y vertemos el conjunto en el molde.

Hornear una media hora, hasta que veamos que el bizcocho ha subido y está dorado. Para comprobar la cocción es mejor no pincharlo, sino simplemente presionarlo con suavidad con los dedos.

Una vez frío, lo podemos decorar de manera habitual: rellenándolo con alguna mermelada, nata, chocolate, adornándolo con frutas, almendras... Aquí, como siempre, entra en juego la creatividad de cada cual y el hecho de aprender a utilizar los elementos de temporada o aquellos que haya que consumir antes.

Bizcocho de chocolate

Ingredientes

250 g de harina integral – 250 g de azúcar moreno
125 g de margarina o mantequilla
125 g de chocolate en polvo
(la versión sana sería con harina de algarroba)
4 huevos – 1 sobre de levadura – sal

Elaboración

Precalentar el horno a 170 °C.

Mientras, se prepara el molde del mismo modo que se ha indicado en la receta del bizcocho.

Luego, separamos las claras de las yemas y batimos éstas con el azúcar, hasta que la masa quede bien suave. A continuación, añadimos la margarina, la harina, la levadura y el chocolate, y mezclamos bien.

Es importante tener presente que, para que el bizcocho resulte suave y esponjoso, el proceso del batido es esencial, especialmente cuando el proceso se realiza a mano.

Aparte, montamos las claras a punto de nieve, agregando un pellizco de sal para evitar que bajen. Las unimos cuidadosamente a la masa y vertemos el resultado final en el molde.

Horneamos unos treinta minutos, hasta que el bizcocho esté cocido y dorado.

Bizcocho de limón

Ingredientes

3 tazas de harina integral – 2 tazas de azúcar moreno (contar con algo más para la decoración final del bizcocho)
3 huevos – 1 taza de leche (o media taza de leche y media de agua) – 1 taza de aceite de oliva (también se puede sustituir

por margarina o mantequilla, o utilizar un aceite de semillas si nos desagrada el fuerte sabor que deja el aceite de oliva)
1 sobre de levadura – 2 limones de piel gruesa
un pellizco de sal

Elaboración

Precalentar el horno aproximadamente a 170 °C.

Aparte, vamos preparando el molde según las instrucciones de la receta del bizcocho.

Separamos las claras de las yemas y batimos éstas a fondo con el azúcar, hasta que resulte una crema bien suave. Añadimos a continuación la harina, la leche, el aceite, la levadura y la piel de los limones, rallada, y mezclamos bien.

Montamos las claras a punto de nieve con un pellizco de sal y las agregamos a la masa principal, mezclándolo todo con sumo cuidado.

Vertemos el resultado al molde y horneamos una media hora.

Mientras el bizcocho se cuece, exprimimos los limones y les añadimos el azúcar que admitan, mezclándolo bien.

Al terminar la cocción, y cuando el bizcocho esté todavía caliente, echaremos el zumo por encima.

Bizcocho de Marta

Este bizcocho es una receta muy sencilla, que pueden realizar incluso los niños, sin más ayuda que una fuente honda y un tenedor, ¡y con paciencia e imaginación!

INGREDIENTES PARA 4 PERSONAS

2 yogures naturales o de limón – 4 huevos
1 medida de yogur de aceite
2 medidas de yogur de azúcar integral
3 medidas de yogur de harina integral
1 sobre de levadura
la piel de 1 limón finamente rallada

ELABORACIÓN

Precalentar el horno.

A continuación, prepararemos el molde para el bizcocho de la siguiente manera: lo untaremos bien con mantequilla y luego lo espolvorearemos con harina, dando unos golpes al molde al tiempo que lo vamos girando, a fin de que la misma quede bien repartida por toda su base y paredes. Finalmente, pondremos el molde boca abajo para sacudir la harina sobrante. Toda esta operación sirve para que el bizcocho, una vez cocido, no se pegue al molde y sea más fácil de desmoldar.

En una fuente honda echamos el azúcar y las yemas de los huevos, reservando las claras. Se mezclan bien azúcar y yemas hasta que quede una crema muy suave. A continuación añadimos los yogures y mezclamos bien. Echamos el aceite y seguimos mezclando para que quede homogéneo y sin grumos. Aparte, mezclamos la harina con la levadura, y luego lo agregamos al resto de la masa, mezclando bien, sin parar, hasta que quede todo bien fino. Rallamos la piel del limón y la incorporamos a la masa.

El punto final consiste en montar las claras a punto de nieve; antes de hacerlo, añadiremos un pellizco de sal para evitar que bajen. Cuando las claras estén bien montadas, las mezclaremos muy suavemente, con mucho cuidado, a la masa principal, y verteremos el resultado al molde, que introduciremos al horno, que ya estará caliente.

El tiempo de cocción variará un poco de un horno a otro, pero es alrededor de media hora. Procuraremos no abrir el horno mientras no veamos que la cocción ha finalizado, ya que si no el bizcocho podría deshincharse. Cuando nos parezca que ha subido y empieza a estar dorado, lo abriremos, con cuidado de no quemarnos, y pincharemos el bizcocho con un palillo: si sale limpio, el bizcocho está listo, y hay que sacarlo del horno y dejarlo enfriar. Si no, hay que dejarlo un poco más.

Una vez frío, lo podemos abrir por la mitad y rellenarlo de nuestra mermelada preferida, chocolate fundido, nata... Igualmente, podemos decorar su superficie con chocolate, una mezcla de mantequilla con azúcar, y también con algún caramelo blando, trocitos de chocolate o algún muñequito pequeño. ¡Usad vuestra creatividad, y sorprended a vuestros mayores!

Bizcocho de nueces

INGREDIENTES

225 g de harina integral – 225 g de azúcar integral
75 g de mantequilla – 200 g de nueces peladas
(contar con un puñado más, para adornar)
1 sobre de levadura – extracto de vainilla – 1 huevo
¼ l de leche – nata montada – azúcar

ELABORACIÓN

Precalentar el horno a 170 °C, y preparar el molde según se indica en la receta del bizcocho.

Separamos la clara de la yema y mezclamos ésta con el azúcar, hasta que obtengamos una crema suave. Añadimos la mantequilla y seguimos batiendo hasta que quede espumoso. Poco a poco agregamos la harina, la levadura, la leche y la vainilla, y seguimos mezclando y batiendo bien todos los ingredientes.

Aparte, montamos la clara a punto de nieve con un pellizco de sal, y la agregamos a la masa principal, junto con las nueces a trocitos. Mezclamos con cuidado y lo vertemos en el molde.

Horneamos unos treinta y cinco minutos.

Cuando esté frío, lo adornamos con la nata montada con mucho azúcar y unas nueces por encima.

Bizcocho de plátanos

Esta receta la debemos a la gentileza de Barbra, de Inglaterra.

Ingredientes

200 g de harina integral – 3 cucharadas de mantequilla
200 g de azúcar integral – 2 huevos
400 g de plátanos bien maduros – 100 g de avellanas
1 sobre de levadura – un pellizco de sal

Elaboración

Precalentar el horno a 250 °C, y preparar un molde rectangular, según las instrucciones de la receta del bizcocho.

Aparte, separamos las yemas de las claras y mezclamos éstas con el azúcar hasta obtener una crema muy suave. Añadimos la mantequilla y seguimos batiendo. Seguidamente, iremos agregando la harina, la levadura, los plátanos hechos puré y las avellanas molidas. Mezclamos bien y batimos durante un rato.

Montamos las claras a punto de nieve, con la sal, y las incorporamos a la masa mezclándolas con sumo cuidado.

Vertemos la masa resultante en el molde y horneamos durante cuarenta y cinco minutos.

Buñuelos de frutas

INGREDIENTES

2 vasos de leche – 1 huevo – 1 sobre de levadura
3 cucharadas de azúcar integral para la masa, y otro poco para espolvorear los buñuelos una vez cocidos
6 o 7 cucharadas de harina integral
2 tazas grandes de fruta fresca (también podemos añadir o sustituir con fruta pasa o confitada) troceada
aceite para freír – un pellizco de sal

ELABORACIÓN

Mezclamos y batimos bien todos los ingredientes para la masa hasta que nos quede suave y no demasiado espesa. Tiene que adquirir la consistencia de una bechamel.

Seguidamente, añadimos las frutas, peladas y cortadas a trocitos pequeños, y removemos.

Cuando el aceite esté bien caliente, cogemos una cucharada de masa, que incluya siempre trocitos de fruta, y los vamos friendo, hasta que estén dorados por todas las partes.

Retiramos, dejamos reposar unos instantes sobre papel

absorbente y los vamos colocando en la fuente de servir, espolvoreándolos con azúcar molido bien fino.

Se pueden comer tanto fríos como calientes.

Chulas de calabaza

Se trata de un postre típico gallego, cuya receta me ha sido facilitada por Pura.

Ingredientes

500 g de calabaza – ½ l de leche – 250 g de harina integral
100 g de azúcar integral – un poco de canela en polvo
la ralladura de 1 limón – 4 huevos
mantequilla para la fritura

Elaboración

Cocer la calabaza y hacer un puré con ella, añadiendo la leche, la harina, el azúcar, la canela, la ralladura del limón y los huevos. La masa debe tener una consistencia espesa, entre lo que sería una bechamel y una masa para croquetas.

En una sartén fundimos un poco de mantequilla y añadimos una cucharada de masa, que, con su propio peso, y por su consistencia espesa, se aplanará.

Hay que cocer las chulas a fuego lento. Cuando estén

hechas por un lado, les daremos la vuelta con la ayuda de la espátula de madera, y las coceremos por el otro.

Se suelen servir calientes, aunque frías están también deliciosas.

Coca de San Juan

Ésta es una torta de frutas, muy típica en Cataluña, que se come la noche de San Juan, junto a las hogueras, en medio del ruido de los petardos y fuegos de artificio.

INGREDIENTES PARA LA MASA

300 g de harina – 1,5 dl de leche – 50 g de azúcar
50 g de mantequilla – la ralladura de 1 limón
1 bola, del tamaño de una nuez, de levadura de pan

INGREDIENTES PARA EL ADORNO

300 g de fruta confitada variada (naranja, melón, guindas...)
100 g de azúcar – 100 g de piñones – 50 g de mantequilla

ELABORACIÓN

Mezclar y batir bien todos los ingredientes para la masa hasta que se forme una pasta blanda.

Luego preparamos una bandeja para horno, engrasándola con mantequilla y espolvoreándola con harina, y colocamos encima la masa extendida, que dejaremos reposar cubierta con un paño limpio en un sitio con temperatura caliente, hasta que haya doblado su volumen.

Precalentamos el horno a unos 170 °C.

Adornamos la coca con la fruta y los piñones, espolvoreamos con el azúcar y vertemos la mantequilla derretida por encima.

Horneamos durante cuarenta y cinco minutos.

Crema catalana

INGREDIENTES

4 yemas de huevo – ½ l de leche – 125 g de azúcar integral
15 g de maizena – 1 rama de canela
8 cucharadas de azúcar para quemar
un trozo de piel de limón

ELABORACIÓN

Mezclamos bien las yemas con el azúcar, y cuando la crema esté suave añadimos la maizena, que habremos disuelto en un poco de leche y luego en el resto. Vertemos el contenido en un cazo, agregamos la piel del limón (cuidando bien de que no haya nada de pulpa, pues si no se cortaría la leche) y la canela, y ponemos a cocer directamente a fuego suave.

Remover sin parar, siempre en la misma dirección, hasta que desaparezca la espuma blanca.

A continuación, distribuimos la crema en cazuelitas de barro individuales, espolvoreamos con un par de cucharadas de azúcar y, cuando el hierro de quemar esté bien caliente, vamos quemando el azúcar.

Hay que tener en cuenta que durante el proceso de quemado del azúcar éste desprende mucho humo, con lo cual será muy conveniente poner el extractor en marcha o que la cocina esté bien ventilada. Evitaremos respirar el humo, o que éste vaya a los ojos, pues es muy fuerte.

Este postre se sirve normalmente frío.

Si se está acostumbrado a hacer las natillas en base a otra receta, se pueden convertir fácilmente en crema catalana poniendo un poco de azúcar por encima y quemándolo, ya que es este último detalle lo que caracteriza al postre.

Crema de limón

Ingredientes

4 yogures – 2 limones
1 bote de leche condensada pequeño
para la decoración: 2 rodajas de limón bien finas

ELABORACIÓN

Se baten los yogures con la leche condensada y luego se añade tanto el zumo como la ralladura del limón.

Servir en cuencos de postre individuales, decorados con media rodajita de limón bien fina, y dejar enfriar en la nevera.

Empanada de manzana

Se trata de un postre típico de Galicia. Aquí se sugiere usar manzanas para el relleno, pero podemos emplear cualquier otra fruta, una mezcla de frutas frescas con pasas o cabello de ángel.

INGREDIENTES

400 g de harina integral – 250 g de azúcar moreno
(calcular un poco más, tanto para endulzar las manzanas
del relleno como para añadir a la superficie
de la empanada, una vez cocida)
250 g de mantequilla – 8 huevos
½ cucharadita de sal – 1 copita de vino rancio
5 o 6 manzanas – un poco de canela en polvo (opcional)

ELABORACIÓN

Precalentar el horno a 180 °C.

Disponemos la harina en forma de volcán encima de la superficie de trabajo, dejando un hueco en el centro en el que echaremos el azúcar, la mantequilla, la sal, dos huevos, seis yemas y el vino. Seguidamente, amasamos bien, hasta obtener como resultado una masa muy suave.

Preparamos la bandeja para horno, engrasándola con un poco de mantequilla y espolvoreándola con harina.

Dividimos la masa en dos y la extendemos con el rodillo. Con una mitad, forramos la bandeja dejando unos rebordes de masa. Pinchamos la masa con un tenedor o un palillo, a fin de facilitar su cocción, y procedemos a rellenarla con las manzanas, cortadas a láminas no demasiado finas. Si nos gusta el sabor muy dulce, podemos espolvorear las manzanas con azúcar y un poco de canela. Tapamos la empanada y la sellamos.

Horneamos hasta que veamos que está dorada y crujiente. La retiramos, la pintamos con un poco de huevo batido o mantequilla y la horneamos unos minutos más hasta que quede dorada.

Al retirarla, la espolvoreamos con más azúcar.

Fantasía de Natalia

Ingredientes para 4 personas

4 manzanas grandes – 400 g de crema de queso fresco (tipo speissequark o petit suisse) – 4 cucharadas de miel 4 cucharadas de azúcar moreno – 4 cucharadas de agua un puñadito de nueces – un puñadito de pasas de Corinto

ELABORACIÓN

Pelar las manzanas y cortarlas a trozos grandes. Las colocamos en un cazo, junto con el agua y el azúcar, y se dejan cocer de cinco a diez minutos, removiendo de vez en cuando para facilitar la cocción y para evitar que se peguen.

En cuencos individuales, para postre, distribuimos la compota de manzana, añadimos la crema de queso y disponemos por encima las nueces a trocitos y las pasas. Echamos la miel por encima y espolvoreamos con un poquito de canela.

Se puede comer tal cual, a temperatura ambiente. ¡Es un postre rápido, fácil y una auténtica sorpresa para el paladar!

También podemos improvisar una crema de queso batiendo un yogur natural con tres o cuatro quesitos (si queremos el postre más ligero, pueden ser descremados).

Filloas

Éste es otro postre típico de la cocina tradicional gallega. Se trata de una especie de crêpes dulces.

INGREDIENTES PARA LA MASA

3 tacitas de leche – 3 tacitas de harina integral
2 cucharadas de mantequilla o margarina – 3 huevos
3 cucharadas de ron o cognac – un poquito de sal

Ingredientes para el relleno

Se puede usar un poco de crema pastelera, nata, chocolate, mermelada o cabello de ángel.

Elaboración

Juntamos todos los ingredientes en un cuenco y los batimos a fondo, hasta que la masa quede bien suave. La dejamos reposar.

Con un poco de mantequilla, engrasamos una sartén y cuando esté caliente vertemos un par de cucharadas de la masa de filloas, meneando la sartén a fin de que la masa la cubra enteramente. Cuando esté dorada por un lado, hay que darle la vuelta y dorarla por el otro.

Vamos reservando las filloas en un plato, cubriéndolas con un paño húmedo para que no se resequen.

Hecho esto, procedemos a rellenarlas (las podemos hacer todas iguales, o ir intercalando una con un relleno y otra con otro distinto) con el ingrediente escogido, las enrollamos y las vamos colocando en una fuente. Como toque final, podemos espolvorearlas con un poco de azúcar glas (triturado muy fino). Se sirven a temperatura ambiente.

Galletas de cacahuete

INGREDIENTES

260 g de margarina – 3 huevos – 525 g de harina integral
1 sobre de levadura
12 cucharadas de mantequilla de cacahuete
525 g de azúcar moreno
3 cucharaditas de bicarbonato
3 cucharadas de leche

ELABORACIÓN

Precalentar el horno a 200 °C.

Para preparar las galletas resulta muy útil disponer de dos bandejas para hornearlas.

Mezclar bien el azúcar y la margarina. A continuación, añadir los huevos y la mantequilla de cacahuete, y seguir batiendo la mezcla. Agregamos la harina, la levadura, el bicarbonato y un pellizco de sal. Cuando la masa esté bien ligada, incorporamos la leche y proseguimos.

Encima de una de las bandejas colocamos pequeños montoncitos de masa y horneamos de diez a quince minutos. Debe tenerse en cuenta que hay que dejar suficiente separación entre los montones de masa, puesto que con el calor tienden a aplanarse un poco y entonces quedarían las galletas pegadas unas a otras.

Mientras se va haciendo la primera tanda de galletas,

preparamos la segunda bandeja y, mientras ésta se hornea, vamos preparando la tercera, y así sucesivamente hasta que acabemos la masa.

Las galletas se conservan muy bien en latas, durante varias semanas, y ¡están deliciosas!

Podemos hacer una variedad de las mismas hundiendo en los montoncitos que vamos a hornear cacahuetes tostados o crudos (pero no salados).

Higos al cointreau

INGREDIENTES

1 kg de higos frescos – 1 vaso de nata líquida
1 copa de cointreau

ELABORACIÓN

Limpiar los higos y dejarlos como mal pelados. Los partimos por la mitad, los colocamos en cuencos individuales para postre, los rociamos con el licor y los cubrimos con la nata líquida.

Servir a temperatura ambiente o recién sacado de la nevera.

Leche frita

Postre típico gallego.

INGREDIENTES

¾ l de leche – 5 cucharadas de azúcar moreno
5 cucharadas de maizena – 1 rama de canela
1 trozo de piel de limón – harina – 1 huevo
aceite de oliva para freír
para la decoración final: azúcar y canela en polvo

ELABORACIÓN

Disolvemos la maizena en un poco de leche fría y la echamos en una sartén grande, junto con el resto de la leche, el azúcar, la canela en rama y la piel del limón. Removemos bien y cocemos hasta que nos quede una masa espesa. Retiramos del fuego y dejamos enfriar unas dos horas.

Transcurrido este tiempo, cortamos la masa a trozos, como si se tratara de croquetas, los rebozamos en harina y huevo, y freímos en abundante aceite caliente.

Retiramos, dejamos reposar un momento encima de un papel absorbente, para retirar el exceso de aceite, y espolvoreamos con azúcar y canela.

Se sirve caliente.

Pastel de castañas

INGREDIENTES

500 g de castañas peladas – 200 g de azúcar integral
100 g de mantequilla – 3 huevos – 1 sobre de levadura
un pellizco de sal
para la decoración: un poco de chocolate fundido

ELABORACIÓN

Precalentar el horno a unos 170 ºC.

Mientras, se prepara el molde, según las instrucciones de la receta del bizcocho.

Aparte, cocemos las castañas, las escurrimos y hacemos un puré. Añadimos la mantequilla y la levadura, y mezclamos bien. En un cuenco aparte, mezclamos las yemas con el azúcar hasta obtener una crema muy suave, y lo agregamos a la masa de castañas. Montamos las claras a punto de nieve con un pellizco de sal, y las incorporamos poco a poco a la masa principal (mezclando casi sin mezclar, para que el bizcocho quede bien esponjoso).

Vertemos el contenido en un molde y horneamos unos cuarenta y cinco minutos, hasta que el bizcocho esté cocido.

Se deja enfriar, y luego lo desmoldamos y lo cubrimos con chocolate fundido.

Pastel de avellanas

INGREDIENTES

5 huevos – 150 g de azúcar moreno
180 g de avellanas crudas molidas
la piel de ½ limón
para la decoración: un poco de nata montada

ELABORACIÓN

Precalentar el horno a 175 °C y preparar el molde según las instrucciones que constan en la receta del bizcocho.

Batimos el azúcar con las yemas hasta conseguir una crema suave. Seguidamente, añadimos las avellanas y la piel del limón finamente rallada. Con cuidado, incorporamos y mezclamos las claras montadas a punto de nieve.

Vertemos la masa obtenida en el molde y horneamos aproximadamente una hora.

Cuando esté frío, desmoldamos, cubrimos con nata montada y decoramos con unas avellanas.

Como cobertura, también podemos emplear chocolate fundido.

Pastel de dátiles

INGREDIENTES

300 g de harina integral – 100 g de azúcar integral
1 cucharada de mantequilla – 1 huevo
1 sobre de levadura – 50 g de nueces – 200 g de dátiles
1 taza de café concentrado – sal
para la decoración: un puñado de dátiles y de nueces

ELABORACIÓN

Precalentar el horno a 200 °C, y mientras preparamos el molde según las instrucciones de la receta del bizcocho.

Separamos la clara de la yema y se bate bien ésta con el azúcar, hasta que se forme una crema suave. Seguidamente, se añaden la harina, la levadura, una pizca de sal, el café y la mantequilla. Cuando esté todo bien mezclado y batido, incorporamos la clara montada a punto de nieve, y las nueces y dátiles a trocitos. Mezclamos suavemente y vertemos en el molde.

Horneamos aproximadamente una hora.

Cuando esté frío, desmoldamos y decoramos con los dátiles partidos por la mitad, intercalándolos con mitades enteras de nueces.

Pastel de limón

INGREDIENTES

4 huevos – 200 g de azúcar integral – 400 g de requesón
1 yogur natural – ½ vaso de leche o nata líquida
1 limón – un poco de mantequilla – harina
para la decoración: unas rodajas finas de limón

ELABORACIÓN

Precalentar el horno a 170 °C, y mientras preparamos un molde para tartas según las instrucciones de la receta para bizcocho.

Colocamos todos los ingredientes juntos en el cuenco de la batidora y los batimos bien, hasta que se forme una masa suave. La vertemos en el molde y horneamos durante una hora (comprobando antes que la tarta esté cocida).

Se deja enfriar y se sirve, decorándola con las rodajas de un limón dispuestas por encima o apoyadas en las paredes del mismo.

Postre dulce de arroz

INGREDIENTES

3 tacitas de arroz integral – ½ l de leche
100 g de azúcar integral – 4 huevos
4 copitas de jerez dulce – un poco de esencia de vainilla
un buen puñado de frutas confitadas o frutas pasas variadas
azúcar para preparar el molde
para la decoración: un poco de crema pastelera
o nata montada

ELABORACIÓN

Cocemos el arroz en agua durante cinco minutos.

Mientras, preparamos un poco de caramelo (directamente en el molde para flan) mezclando agua con azúcar, y poniéndolo al fuego, sin dejar de remover, hasta que se vaya fundiendo y dorando el azúcar. Movemos el molde a fin de que el caramelo se distribuya bien por las paredes del mismo.

Escurrimos el arroz y añadimos la leche, prosiguiendo su cocción diez minutos más. Apartamos del fuego y añadimos la fruta, las yemas de los huevos y el azúcar. Mezclamos todo y agregamos las claras montadas a punto de nieve, removiendo suavemente. Vertemos el resultado en el molde, y lo cocemos al baño de María unos cuarenta y cinco minutos.

Cuando esté frío, desmoldamos, y por último decoramos con un poco de crema pastelera por encima.

Pudín de pan seco

Esta receta resulta muy útil para poder aprovechar los restos de pan, que en casi todas las casas se acumulan.

Ingredientes

3 vasos de leche – 3 huevos
11 cucharadas de azúcar integral – 250 g de pan seco
la ralladura de 1 limón – un puñado de pasas de Corinto
un puñado de frutas confitadas, cortadas a trocitos
1 copa de coñac – un poco de caramelo líquido

Elaboración

Ponemos las pasas a remojo en el coñac la noche anterior.

Precalentar el horno a 200 °C.

Se prepara un molde rectangular, caramelizándolo con caramelo líquido o preparando el caramelo con unas cucharadas de azúcar y un poquito de agua. Hay que procurar que el caramelo se distribuya bien por las paredes del molde.

Ponemos el pan a remojo con la leche y, cuando esté ablandado, añadimos el azúcar, la ralladura del limón y las yemas, y procedemos a batirlo todo bien. Seguidamente, añadimos las frutas y las pasas, y removemos bien.

Aparte, montamos las claras a punto de nieve con un pellizco de sal, para evitar que bajen.

Unimos las claras con la masa principal y lo mezclamos con sumo cuidado.

Horneamos al baño de María durante unos cuarenta minutos (como siempre, comprobando la cocción pinchando el pudín con un palillo).

Cuando esté frío, se desmolda.

Los ingleses suelen cortar este tipo de pudines a rebanadas y untarlas con un poco de mantequilla.

Tarta de frutas

Ingredientes para la masa de base

1 tubo de galletas María – 1 huevo
1 cucharada de mantequilla

Ingredientes para la masa del relleno

8 cucharadas de azúcar integral – 2 huevos
1 tarrina de queso fresco cremoso
2 yogures naturales o de limón – 2 cucharadas de maizena

Frutas para la decoración: se pueden usar distintas variedades, combinando colores, como por ejemplo: fresas, kiwis, naranjas y zarzamoras. También podemos emplear una sola variedad, elaborando, por ejemplo, una tarta de frambuesas.

Para el barnizado final de la tarta

3 cucharadas de mermelada de albaricoque
3 cucharadas de agua – 3 cucharadas de azúcar integral

Elaboración

Calentar el horno a 180 °C, y mientras se prepara un molde para tarta, tal como se indica en la receta del bizcocho.

Trituramos las galletas, añadimos el huevo batido y la mantequilla fundida y trabajamos bien la masa, que debe quedar muy seca. Forramos con ella el molde, cuidando de dejar unos rebordes para que pueda contener la crema que prepararemos a continuación.

Aparte, batimos bien todos los ingredientes para la crema de relleno y la vertemos en el molde. Horneamos durante unos treinta minutos o hasta que la crema esté cuajada.

Retiramos del horno y dejamos enfriar.

Cortamos las frutas escogidas a finas rodajas y las vamos colocando en círculos, encima de la tarta, cubriendo toda la superficie.

En un cuenco aparte, mezclamos la mermelada de albaricoque con el agua y el azúcar hasta que se forme un barniz bastante espeso, con el que procederemos a pintar la superficie de la tarta a fin de que quede bien brillante y bonita.

Se sirve a temperatura ambiente o recién sacada de la nevera.

Tarta de manzana

Ingredientes

4 huevos – 200 g de harina integral
175 g de azúcar integral – 125 g de mantequilla
1 sobre de levadura – la ralladura de 1 limón
2 cucharaditas de las de café de canela – 1 pizca de sal
3 manzanas – 2 melocotones (si no los hay de temporada, se pueden usar en almíbar)
½ frasco de mermelada de albaricoque

Elaboración

Precalentar el horno a 250 °C, y mientras se prepara una fuente para horno siguiendo las instrucciones que constan en la receta del bizcocho.

Separamos las yemas de las claras y mezclamos bien las primeras con el azúcar, hasta obtener una crema bien fina. Seguidamente, añadimos la ralladura del limón, la canela, la mantequilla y la harina con la levadura. Batimos todo un buen rato.

Aparte, montamos las claras a punto de nieve con un pellizco de sal, y las agregamos a la masa principal, mezclándolo todo muy suavemente.

Vertemos la masa obtenida en la fuente, esparcimos por encima las manzanas y melocotones cortados a rodajas, y cubrimos con un poco de mermelada de albaricoque.

Horneamos de cuarenta a cincuenta minutos.

Tarta de queso

Ingredientes

1 tarrina de queso fresco cremoso – 3 yogures naturales
3 huevos – 3 cucharadas de maizena
10 cucharadas de azúcar integral – un puñado de pasas
un poco de agua – un poco de harina
para el caramelo: 3 cucharadas de azúcar y una de agua

Elaboración

La noche anterior ponemos las pasas a remojar, cubriéndolas de agua.

Precalentamos el horno a 200 °C.

Mientras, caramelizar un molde alto, con el azúcar y un poco de agua, removiendo bien para que no se queme y distribuyéndolo por las paredes del mismo.

Escurrimos las pasas y las dejamos en el colador. Seguidamente, las espolvoreamos con un poco de harina y sacudimos un poco el colador, a fin de retirar el exceso.

Aparte, batimos bien el queso con los yogures, los huevos, el azúcar y la maizena. Cuando la masa esté cremosa, le añadiremos las pasas y mezclaremos con cuidado.

Vertemos el contenido en el molde y horneamos al baño María unos cuarenta y cinco minutos o hasta que la tarta haya cuajado.

Tarta de Santiago

Éste es, quizás, uno de los postres más conocidos de la cocina regional gallega.

Ingredientes

350 g de almendras crudas molidas – 100 g de harina
200 g de azúcar – 4 huevos – 1 vaso de agua
1 cucharadita de levadura en polvo
un poco de ralladura de limón – un poco de esencia de vainilla
para la decoración: un trozo de papel y azúcar glas

Elaboración

Precalentar el horno a 170 °C, y mientras preparar un molde para tarta según las instrucciones que constan en la receta del bizcocho.

En un cuenco, se mezclan las almendras molidas con los huevos y se bate bien. Añadimos luego el azúcar y el agua, y batiremos nuevamente hasta que la masa quede fina y cremosa.

Aparte, mezclamos la harina con la levadura y la agregamos a la masa, junto con la ralladura de limón, y seguimos removiendo. Echamos la masa resultante en el molde y horneamos unos cuarenta y cinco minutos.

Dejamos enfriar.

En un papel, dibujamos y recortamos la Cruz de Santiago y la colocamos encima de la tarta. A continuación, ponemos el azúcar glas en un colador y lo vamos dejando caer por toda la superficie de la tarta. Una vez terminada la operación, retiramos con cuidado la plantilla de papel y ya tenemos la tarta a punto de servir.

Torrijas

Éste es el clásico y viejo postre de las abuelas, que al parecer ha sido olvidado en muchas casas. Fácil, rápido y económico, muy apetitoso, y que además nos ayudará a aprovechar el pan seco.

Ingredientes

2 o 3 rebanadas de pan seco por comensal – 1 huevo
leche – azúcar – aceite de oliva para freír

Elaboración

Dejar las rebanadas de pan remojándose en la leche. Aparte, batimos el huevo y ponemos el aceite a calentar. Cuando el pan empiece a estar blando, lo sacamos de la leche, lo escurrimos un poco, lo pasamos por el huevo y freímos por ambos lados, hasta que las rebanadas estén doraditas.

Dejamos reposar un momento en un papel absorbente a fin de que las torrijas no queden tan aceitosas, las vamos colocando en una fuente de servir y las espolvoreamos con abundante azúcar.

Son deliciosas tanto calientes como frías.

XII

BEBIDAS

Batido de algarroba

INGREDIENTES

4 vasos de leche – 3 cucharadas de azúcar integral
(o más, si preferimos el batido más dulce)
4 cucharadas de harina de algarroba
8 cubitos de hielo

ELABORACIÓN

Echar todos los ingredientes en el vaso de la batidora y batirlos a fondo hasta que quede una crema bien espumosa. Tiene que ser una batidora potente, puesto que el hielo es muy duro. Si no se dispone de ella, se mezclarán los ingredientes a mano o con una batidora normal, y después añadiremos los cubitos enteros o bien machacados. Para machacar el hielo, lo envolveremos en un paño de cocina limpio y lo picaremos con la ayuda de un martillo.

Por último, vertemos en vasos altos y decoramos con una cañita.

Batido de coco

INGREDIENTES

1 vasito de coco rallado – ½ vasito de azúcar moreno
3 vasitos de leche – 8 cubitos de hielo

ELABORACIÓN

Mezclar todos los ingredientes con ayuda de una buena batidora o robot de cocina, hasta que el batido quede suave y espumoso. (Si no se dispone del electrodoméstico adecuado, seguir las instrucciones que he dado para el batido de algarroba.)

Se suele servir en vasos altos y decorar con una rodajita de fresón o una sombrillita de papel.

Batido de fresones

INGREDIENTES

200 g de fresones – 4 cucharadas de azúcar integral
¾ l de leche

ELABORACIÓN

Batir bien todos los ingredientes, hasta que quede el batido muy suave. En este caso, hay que insistir un poco debido a que las pepitas de los fresones son difíciles de moler bien. Se sirve muy frío, en copas de cava anchas, que podemos adornar hincando una rodaja de limón o de naranja en el borde.

Batido de manzana y canela

INGREDIENTES

2 manzanas – ¾ l de leche – 4 cucharadas de azúcar integral
1 cucharadita de canela en polvo

ELABORACIÓN

Pelar las manzanas y quitarles el corazón. Se ponen en el cuenco de la batidora y se añaden el resto de los ingredientes. Batir hasta que la bebida quede fina y cremosa.

Disponemos en algún vaso original y decoramos espolvoreando un poco más de canela por encima. Se sirve muy frío.

Granizado tropical

Ingredientes

1 vaso de zumo de naranja recién exprimido
1 vaso de zumo de manzana con kiwi, o de alguna otra fruta
2 yogures naturales o con sabor a limón – ½ mango
2 kiwis – 1 cucharada de azúcar integral
8 cubitos de hielo

Elaboración

Mezclamos bien todos los ingredientes con ayuda de una buena batidora o robot de cocina y después verter el granizado en vasos atractivos, que podremos decorar con una rodajita de kiwi colocada por encima.

Si no disponemos de una batidora lo suficientemente potente, pondremos el hielo dentro de un paño limpio, lo envolveremos bien y lo machacaremos con la ayuda de un martillo. Aparte, batiremos el resto de los ingredientes, incorporando luego el hielo machacado y mezclándolo bien.

Leche merengada

Refrescante bebida, con reminiscencias veraniegas, que proviene de la gastronomía de Mallorca.

INGREDIENTES

1 l de leche – la ralladura de 1 limón
5 cucharadas de azúcar moreno
1 ramita de canela – canela en polvo

ELABORACIÓN

Ponemos la leche con la ralladura del limón (cuidando, sobre todo, de que no haya ningún resto de pulpa, puesto que en este caso la leche se cortaría) y la canela, y lo dejamos hervir. Lo tradicional es dejar que la leche suba tres veces. Entonces apagamos el fuego y la dejamos enfriar. Una vez fría, la colamos y añadimos el azúcar. Removemos bien para asegurar la total disolución del mismo, y la ponemos a enfriar en la nevera.

En el momento de servir, se espolvorea con un poco de canela.

BIBLIOGRAFÍA

Allen, Hannah, *The happy truth about protein*, Health Excellence Systems, Manchaca (Texas).

—, *Self care versus medical care*, Natural Hygiene Press, EE. UU., 1984.

Ams, Marc, *El crudivorismo puede salvar tu vida*, CEDEL, 1985.

—, *Libérese de la proteinomanía*, CEDEL, 1984.

Bizkarra, Dr. Karmelo, *La enfermedad, ¿qué es y para qué sirve?*, Obelisco, Barcelona, 1992.

Bordeaux Székely, Dr. Edmond, *El evangelio de los esenios*, Sirio, Málaga, 1991.

Casado Sierra, José Manuel, *Las frutas, nuestro alimento ideal*, Higea, Madrid, 1995.

Casado Sierra, Natividad, *Recetas sanas para vivir feliz*, Higea, Madrid, 1995.

Cridland, Dr. Ron, *Vegetarian persuassion*, Canadian Natural Hygiene Society, Toronto, 1990.

De Durban, Dr. Krok, *El frugivorismo*, Cuadernos de Naturismo, Barcelona, 1980.

Diamond, Marilyn y Harvey, *La antidieta*, Urano, Barcelona, 1998.

—, *La cocina de la antidieta*, Urano, Barcelona, 1998.

Gelpí i Lluch, Irene, *Guía práctica de salud y nutrición. El Camino de la Vida*, Índigo, Barcelona, 1998.

Jaime, C., K. Nolfi y J. Pichon, *Los alimentos vivos*, Puertas Abiertas a la Nueva Era, 1993.

Kulvinscas, Viktoras, *Nutrición en la Nueva Era*, Ed. Mandala, Barcelona, 1992.

Mérien, Désiré, *Ayuno y salud*, Puertas Abiertas a la Nueva Era, 1985.

—, *Las fuentes de la alimentación humana*, Puertas Abiertas a la Nueva Era, 1992.

Mosseri, Albert, *Salud, alimentación y leyes de la naturaleza*, Mandala, 1990.

Shelton, Dr. Herbert M., *La combinación de los alimentos*, Obelisco, Barcelona, 1989.

—, *Fasting can save your life*, ANHS Publication, 1991.

—, *Fasting for the health of it*, Franklin Books, 1989.

—, *The science and fine art of natural hygiene*, ANHS Publication, 1994.

—, *The science and fine art of food and nutrition*, ANHS Publication, 1984.

—, *Superior nutrition*, Willow Publishing, Brighton, 1987.